ホス活のススメ

Method of The HOSPITALITY

元プリンスホテル取締役
元帝京大学教授
河野正光
Kohno Masamitsu

GENTOSHA
幻冬舎MC

ホス活のススメ

目次

第3章 日常生活（職場・学校・家庭・人間関係）にホスピタリティを活かす …… 135

プロローグ

「ホスピタリティ（おもてなし）」と聞くと論文や学術書をイメージされる人は多いと思いますが、この本はそれを「日常生活で活動・活用したら、皆さんがイキイキした日常生活を過ごすことができる！」という、私からの提案書です。ホスピタリティの力を日常生活に活かせば、この世で一番難しいとされる「人間関係」にも、また仕事（会社・職場）や学校・家庭等にも充分活かすことができる、と長年の経験から発見したからです。人の評価は、「学力よりも〝好感力〟で決まる！」と私は実感してきました。その「好感力（人から好ましいと思ってもらえる力）」や「創楽力（楽しみを創り出す力）」「人間関係力・幸福力・向学力」を高める方法等をはじめ、働く目的を「お金を稼ぐこと」から「お客さまの幸せづくり」に変えれば「自分も幸せに楽しく働ける！」ということも発見しました。従来の考え方を変え、ホスピタリティの力を磨き、日常生活に活用していけば、皆さんの「生きる力」や「働く・学ぶ楽しさ」がグッと好転していきます！

ホスピタリティ業界（ホテル旅館・航空・旅行・ウェディング・レストラン・医療機関・理美容院・ショップ等）に従事されている人や観光・ホスピタリティを学ばれている人はもちろん、通常の会社に勤務されている人、学校・大学に通っている人、主婦やシニアの方、会社経営者等の皆さんに読んでいただければ幸いです。私は今日まで自分自身の信念として「自分にできないこと」は人に勧めず、「自分が体験して良かったこと」のみを人に勧めてきたつもりです。私のような平凡な人間の体験談で恥ずかしい点も多々あり

ホスピタリティの活用 ＝「ホス活」

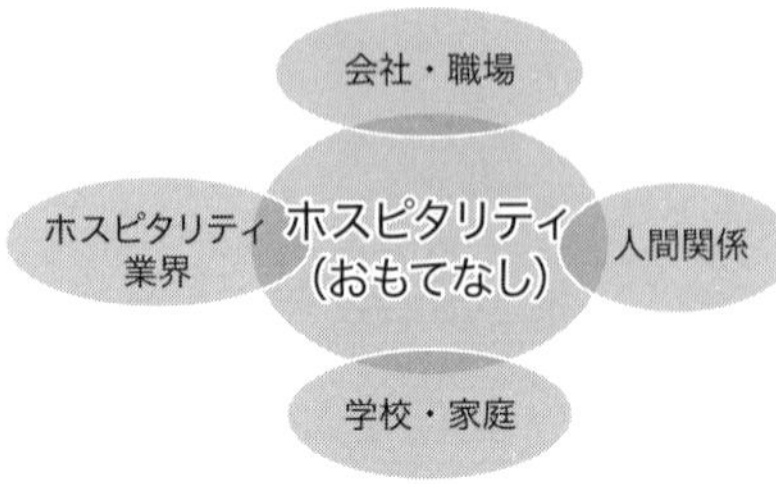

ますが、私は高校2年後半に「観光」に興味を持ち、今日まで約50年以上にわたり大学生（観光事業研究会クラブ）・企業人（観光・ホテル事業）・大学教員（観光経営学科）として「観光・おもてなし」の世界で様々な体験をしてきました。そこから得た「ホスピタリティ行動・活用の力＝魔力」を皆さんにお伝えしたいと思います。

「お・も・て・な・し」という言葉を聞くと、滝川クリステルさんの「２０２０年東京五輪」招致のスピーチを思い出す人も多いと思います。この言葉を「何となく」知っている人は多いと思いますが、その「真の（深い）意味」をご存知の方は多くない気がします。

英語では「ホスピタリティ（Hospitality）」と訳されていますが、その誕生の歴史や活用、「サービス」との違い等、深く探っていけばいくほど魅力的で大事な言葉です。日本の「おもてなし」は、人への気づかい・思いやりにおいて世界一であると私は思います。ただ単に、外国人を迎えたり、お客さまに食事を提供したりすることだけが「おもてなし」ではありません。

人が生きていく上で大切な「思いやり・心づかい」など、良好な人間関係づくりにも大いに役立ちます。それを日常生活に活用すれば、皆さんにとって「もっと楽しく働ける」「楽しく学べる」「好感度の高い自分磨き」が可能になります。まず家庭で家族に「気（心）づかい」ができない人は、職場や学校でもお客さまはじめ同僚・部下・友人等に「気（心）づかい」はできないでしょう。また、奥さまが作ってくれた料理を褒めること（おもてなし）のできないご主人は、職場での人間関係や夫婦仲に疑問が残ります。

ＴＶの天気予報官がいう「明日はあいにくの雨です」に私はいつも疑問を感じています。農家の人にとっては「恵みの雨」であるのかもしれません。もっと広い視野での気づかいが必要です。

私はホテルをはじめとする観光業界に35年間従事し、「どうしたらお客さまに喜んでもらえるか、リピーターになっていただけるか」ということに腐心し、また実業界から大学教員に転身した時に「どうしたら学生に楽しみながら学んで成長してもらえるか」ということにも頭を痛めてきました。また「学ぶこと」ことについて、「勉強」という字になぜ「強い」という字が使われているのか？　このことも書いてあります。いくら「知力」が高くても「精神力」や「体力」がなければ社会人として生きていけない、と考えれば「勉強すること」が益々「楽しく」なってきます。「知力」だけ高い人が出世し成功できるとは限らないので、「上位学歴者」以外の人にも「成功のチャンス」は大いにあります！

今までの「考え方」を変えれば「行動」が変わり、「習慣」が変わり、やがて「運命」が変わるのです！　また、できない理由を探す前にどうしたらできるかの「方法・対策」

を考えて、「G（限界をつくらない）、A（諦めない）、I（言い訳をしない）、N（逃げない）、S（先送りをしない）」、と努力すれば、必ず目標を達成（GAIN＝Reach）できます！　何かできなかった時に「言い訳」をするのは〝イイワケ〟ありません。私はこれらのことを信じて、自分自身が生きてきたと同時に企業や学生に対しても指導してきました。

従来「ホスピタリティ」は、主にホテル旅館・レストランなどのサービス業（ホスピタリティ業）において重要視されてきましたが、近年は「様々なサービス業分野」でそれを活かし成功しているところも多くなってきました。今後は「理美容院・医療業界・介護施設・ショップ」等にも活かしていってほしいと願っております。東京五輪に向け「日本のおもてなし」を世界にアピールできるチャンスです！　インバウンド4000万人・外国人労働者増の時代に「異文化共生」という課題も「ホスピタリティ」が解決してくれます。外国人とどのように接したらよいかは、現代の大きな課題です。私が今日まで「多くの人から教えていただいたこと」「学び研究してきたこと」「多くの体験や失敗・反省」等の集大成として書いたつもりです。この本を通じて一人でも多くの読者が「仕事や日常生活が楽しくなった！」と思ってもらえれば望外の喜びです。

2019年6月

第1章

「ホスピタリティ（お・も・て・な・し）」の意味と行動・活用

この章では「おもてなし」「ホスピタリティ」の意味や歴史について、皆さんと一緒に考えていきたいと思います。これらは「サービス」とどのように異なるのか、身につけるにはどうしたら良いか、その「ホス活＝行動＋活用」方法を考え、気持のよい毎日を過ごしていきましょう。

1　日本の「おもてなし」

1　心づかい・思いやり、の「づかい・やり」とは何かご存知ですか

「心」は誰にも見えないが、「心づかい」は誰にも見える。「思い」は見えないが、「思いやり」は誰にも見える。皆さん、「心」と「心づかい」、「思い」と「思いやり」の違いは何だと思いますか。それは「心」に思っていても「行動」に移さなければ「心づかい」にはならない、「思い」も「行動」に移さなければ「思いやり」にはなりません。例えば、目の前に松葉づえを使用している人や妊婦さん等が見えた時に、席を替わってあげようと「思って」いても、立ち上がって席を替わってあげなければ「思いやり」にはならない、

「行動」に移して初めて「思いやり・心づかい」になります。だから「思いやり・心づかい」などは誰が見ても「見える行為」ということになります。

すなわち、「づかい・やり」は「行い・行動」という意味で、電車内でこのように席を譲ってあげる光景は見ていても気持ちの良いものです。それ以上に「譲ってあげる人」には「思いやりのある人」として、周囲から「尊敬の目」で見られることでしょう。逆に優先席の前にお年寄りが来ても、堂々と座ってスマホなどをいじって見て見ぬふりをしている若者には「厳しい目」が注がれるでしょう。でもそれに全く気づいていない人が多いのは残念です。もっと困っている人への「ホス活」をしたいものです。

2　江戸しぐさ（思草・仕草）は人への「気づかい」

日本には古くから「江戸しぐさ」という言葉がありました。その代表的な「しぐさ（仕草＝行い）」には、「傘かしげ」「こぶし腰浮かせ」「七三の道」「うかつあ

傘かしげ・うかつあやまり

やまり」「許すこころ」等がありました。これらに共通していることは「相手に対する気づかい・思いやり」です。「江戸しぐさ」はなかったのでは、とする学者もいますが、その言葉が残っている以上はあったと私は思います。江戸後期の「文化文政時代（１８０４〜30）」の江戸のまちは約１００万人もの人が住んで賑わっていたと言われ、町人文化が栄えて下町などでは人の往来も大変であったようです。そのため相手の傘にぶつからないように「傾け」たり、「道を譲って」あげたりして「相手を気遣って」あげていたと考えられます。特に、私が感心した仕草、それは「うかつあやまり」です。例えばＡさんがＢさんの足をうっかりして踏んでしまった時に、当然ＡさんはＢさんに「ごめんなさい！」と謝るのが当然ですが、ＡさんだけでなくＢさんも「こちらこそうっかりしてあなたに踏ませてしまってごめんなさい！」と逆に謝った、これが「うかつあやまり」です。うっかりしていたことを理由にして「お互いに謝って許す心」などは、現代人が学ぶべきことが数多くあります。これこそ双方向の「気づかい」です。「七三の道」などは、その時代ならではの「気づかい」で、自分が歩くのは道の3割にして、残りの7割は緊急時などに備え他の人のために空けておくことなどは素晴らしい気配りです。

●「しぐさ（仕草）」とは？

「しぐさ（仕草）」とは思いを「行い」に表すことで、「づかい・やり」と同様、思っていても行動に移さなければこちらの好意を相手は感じてくれません。これらの「江戸しぐさ」は、後述する近江商人の「三方よし」の心得・精神とよく似ていると思います。

1. 人に施して気持ちが良い。
2. してもらって気持ちが良い。
3. 見ていても気持ちが良い。

これらは「気持ちよく笑顔で暮らす」人々の生活の知恵であったとも言われています。このような素晴らしい文化である「仕草」がなぜ消えたのでしょうか？　明治維新（1868年）のころ、旧来の習慣を記した古文書が消失したり、その後の高度経済成長政策（1960年代）で、欧米に追いつき追い越せの外向き政策に重点が移ってしまった、などの諸説があります。しかし、現代社会に不足しがちな「人への気づかい＝おもてなし」文化は絶対に残すべき、と私は思います。

3 「無財の七施《しちせ》」は良好な人間関係づくりの基礎

「温かく親切な心」を他人に施すことという素晴らしい仏教の教えがあることをご存知でしょうか。私も恥ずかしながら知ったのは社会人になって10数年後のことでした。

「眼《がん》　施《せ》」……常に温かくやさしい眼差しで人に接する。
「和《わ》顔《がん》施《せ》」……穏やかな笑顔で人に接する。
「言《ごん》辞《じ》施《せ》」……優しく、時には叱る、愛情のある言葉をかける。
「身《しん》　施《せ》」……自分の身体を使って自分にできることを奉仕する。
「心《しん》　施《せ》」……相手の立場になって思いやりの心を持ち人に施す。
「床《しょう》座《ざ》施《せ》」……席や場所を人に譲ってあげる。
「房《ぼう》舎《じゃ》施《せ》」……旅人などに自分の家を宿として提供してあげる。

この仏教の教えに出合った時、私はこれこそ日本が長い間築いてきた伝統的な「おもてなし」であると思いました。「日本旅館のおもてなし」に通じる「心」は、このような仏教の教えがルーツなのではないかと思います。

和顔施

●「見返りを期待しない行い」

また、仏教の世界に「お布施」という言葉があり、この言葉は子供のころのお盆時期に母親が「お布施を用意」と言っていたのでよく耳にしていましたが、その意味はよくわかりませんでした。「布」は全ての人に分け隔てなく、「施」はほどこす（与える）ことであると知ったのは後になってからでした。それは「見返りを期待しない（損得勘定のない）行い」であり、まさにホスピタリティの意味である「分け隔てなく全ての人に温かく・親切・丁寧」という意味と同一です。私たちの日常では、財産や地位がなくても「気持ちや心掛け」さえあれば誰もが周囲に「施し＝心づかい」を与えることができ、「自分も幸せ」な気分になれます。それは料理や贈り物をしなければ成立しないのではなく「無財の七施」の「無財」という言葉のとおり、これらのモノ・コトで、たとえお金がなくても「気づかいの気持ち」さえあればできるというのが、「無財の七施」の教えです。

この世では、「与えた人よりも与えられた人の方が得をする」ととられがちですが、「施した人のほうが幸せな気分になる」、これが仏教の素晴らしい教えと思います。見返りを期待しない「真の施し」や「助け合い支え合う」ということはホスピタリティの「相互扶助」に通じます。

●宮沢賢治氏と「利他の精神」

宮沢賢治氏の「雨ニモマケズ」の詩を小学生のときに学び、今思い起こせばそれは素晴らしい「人への思いやり」であったと思います。

「雨ニモマケズ　風ニモマケズ　雪ニモ夏ノ暑サニモマケヌ　丈夫ナカラダヲモチ　欲ハナク　決シテ怒ラズ　イツモシヅカニワラッテヰル（中略）アラユルコトヲ　ジブンヲカンジョウニ入レズニ　ヨクミキキシワカリ　ソシテワスレズ（中略）東ニ病気ノコドモアレバ　行ッテ看病シテヤリ　西ニツカレタ母アレバ　行ッテソノ稲ノ束ヲ負ヒ　南ニ死ニサウナ人アレバ　行ッテコハガラナクテモイヽトイヒ　北ニケンカヤソショウガアレバ　ツマラナイカラヤメロトイヒ（中略）ミンナニデクノボートヨバレ　ホメラレモセズ　クニモサレズ　サウイフモノニ　ワタシハナリタイ」（原文を一部変更）

彼は「自分自身の生きる心得」としてメモにして常に身につけていたようですが、これは人の気持ちに寄り添う素晴らしい「おもてなし＝利他の精神」であると私は思います。

●「困っている人を助ける」

沖縄の高校生がお財布をなくし困っているところに埼玉県の医師が名前を告げずに6万円を差し出した、という「心温まる」ニュースが最近ありました。同医師は飛行機に搭乗中にも急病人を手当てする等、日ごろから「心づかい」の素晴らしい人のようで頭の下がる思いをしました。まさに「思いやりの人」であると思います。

4 〝おもてなし〟の意味と活用＝「ホス活」と方程式

皆さんは「おもてなし」をどのように理解されていますか。広辞苑では以下のように記載されております。

〈もてなし（持て成し）〉

①とりなし。とりつくろい。たしなみ。
②ふるまい。挙動。態度。
③取り扱い。あしらい。待遇。
④馳走。饗応。

広辞苑の例文として源氏物語の「おもてなし」も記載されていることを考えれば、今も昔も人の営みには欠かせない作法、振舞い、待遇等があったと考えられます。
また、『新概念としてのホスピタリティ・マネジメント』（服部勝人氏）には、以下のとおり「もてなし・もてなす」の意味や関連派生語が解説されています。

1. 教養・性格などで醸成された態度、身のこなし、ものごし、挙動、動作、ふるまい。
2. 人に対する態度、人に対するふるまい方、人に対する遇し方、待遇。
3. 人に対して仕向けること、しむけ、とりはからい、処置。
4. 物の使いぶり、用い方、取り扱い方。

5. 饗応する、ごちそうする。　6. 相手を取り扱う、待遇する。
7. 大切に扱う、大事にする　8. 手厚く歓待する。

このような解説を読めば、「おもてなし」の意味が何となくイメージされてきますが、私たちが使っている「おもてなし」は「5・8」の意味が多いように思います。しかし、「2・6・7」など、日常生活の中で「様々な場面で活用」でき、それには「1」を磨き高めることが大事である、と考えたのがこの本を書いた大きな理由です。「おもてなし」は、ただ単にホテル・旅館などがお客さまに施す行為だけではなく、生きていく上での全ての場面で活かせれば「良い人間関係」がつくれることはもちろん、「いじめ・パワハラ」等も少なくなると考えたわけです。まさに「考え方が変われば行動が変わり、行動が変われば習慣が変わり、習慣が変わればやがて運命が変わる！」ことにもなります。これは決して大げさなことではなく、日常の小さな「気づき・気づかい」が第一歩なのです！そこからスタートしていけば毎日の学校・会社生活が「イキイキ」していくことは間違いありません。人へ「おもてなし＝相手への気づかい・心づかい」ができる人は人間関係にも苦労せず、誰からも「好感度の高い人」として高く評価されるでしょう。

●「おもてなし（Hospitality）」＝もてなす（以て成す）の方程式

私なりにいろいろ研究した結果、「持て成す」はモノだけでなくコトにも広く使用されるという観点から「以て成す（為す）」のほうがふさわしいという理解に至りました。そ

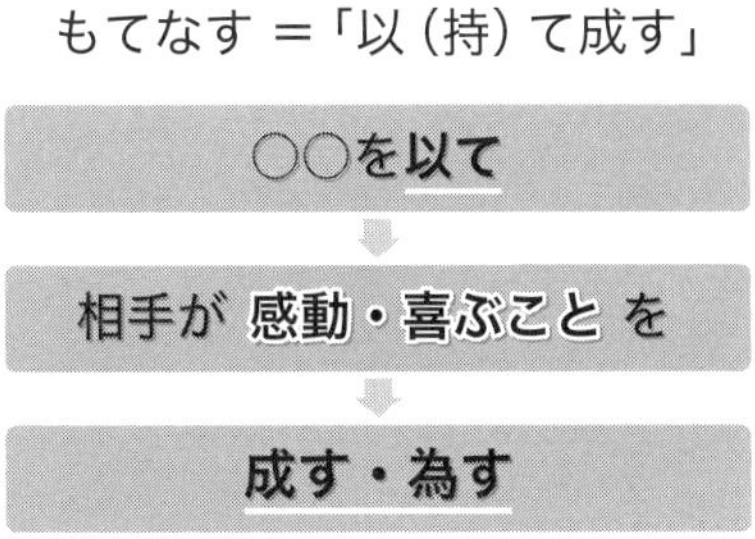
もてなす ＝「以（持）て成す」
○○を以て
相手が 感動・喜ぶこと を
成す・為す

れを基に「おもてなしの方程式」（お＝敬語）を考え、東京五輪招致時の滝川クリステルさんのスピーチは「日本の安心・安全を以て、訪日客が感動することを成す」と、世界にアピールしたかったのではと思います。数年前にオバマ米大統領が来日され、宮廷晩さん会で「抹茶アイスクリーム」がデザートとして出され大統領は大変感動されたようです（子供の頃、ご両親と一緒に鎌倉の大仏様の前で抹茶アイスを食べたことが日本の思い出とのこと）。これも「抹茶アイスを以て、オバマ大統領が感動することを成す」ということになり、このことを応用したら様々な場面で活用できます。例えば、友人が悩んでいる時に「悩みを聴いてあげることを以て、友人が元気になることを成す」ことも、友人に対する「おもてなし」になります。従って「成す（為す）」という行動がなければ「おもてなし」にはなりません。心に思っていることを行動に移してはじめて「おもてなし」になる、言い換えれば「温かく親切な心＋行動＝おもてなし」という方程式です。私が作った「おもてなし方程式」を皆さんも使っていただければ幸いです。

5 「しつらえ」は最高級のおもてなしの演出

おもてなしには目に見える部分と「目に見えない」部分があります。特に目に見えない〝おもてなし〟を準備してお客さまを迎えられるか否かで「おもてなしの質」が決まります。茶道では、お客さまをお迎えするときは「打ち水」をして清め、床の間には相手の好みや季節に合わせた「掛け軸」を用意する、それが「しつらえ」というおもてなしになります。実際には目には見えますが表立って提供するお料理などとは異なり、相手にとって「ここまで気を遣ってくださって！」という喜びを感じてもらう上で最も大事な部分です。心地よい演出、相手に快適な気分を味わってもらう、より良い経験や体験をしていただくようなおもてなし、それが「しつらえ」です。

〈しつらえ〉

1. もてなすための準備を整える。
2. 心地よい演出を加える。
3. 相手に、より良い体験をもたらす。

6 「一期一会」は「おもてなしの心」の原点

皆さんは「一期一会」という言葉を聞いたことがあると思います。その意味はとても奥が深いものですが、「目の前のお客さまとは、一生に一度しか会えないと思って最高のおもてなしをする」と理解し、私はホスピタリティ業界の人には伝えてきました。全ての来客者一人一人にそのような気持ちで接することが大事です。辞書で調べてみると「茶道の精神性を説いた用語の一つ。今日の一会は生涯に二度とない会だと思い、主客ともに親切実意をもって交わることが肝要であるという心得を教えたもの」（『日本大百科全書』）と記されています。

その言葉は戦国時代から安土桃山時代にかけての商人・茶人であった千利休が創案し、「美やもてなしの心」を生み出し、彼は一休や孔子、キリシタンなどからも多くの影響を受け、現代日本の「もてなし」や「平等の精神」の基礎を築きあげたとも言われております。「侘びの美」は日本の美的センスの基礎と価値観を築きあげ、彼が説いた有名な「もてなしの基本」は「利休七則」に次のように表現されています。（「　」は私見）

1. 茶は服のよきように点て
「相手の情況・立場、気持ちになって考えて点《た》てよ」
2. 炭は湯の沸くように置き
「何事も丁度良い配置や手順を考えよ」
3. 花は野にあるように生け
「自然にある美しさを感じさせるように生けよ」
4. 夏は涼しく冬暖かに
「五感を使って季節感のある〝しつらえ〟を」

5. 刻限は早めに
「心に余裕が持てるように、時間に余裕を持て」
6. 降らずとも傘の用意
「あらゆる準備を怠らず、不測の事態に備えよ」
7. 相客に心せよ
「同席者や周囲に対する気づかい・思いやりを忘れるな」

特に1と7は「おもてなし」そのもので、2〜6については「しつらえ＝準備・演出」です。千利休は「茶の湯」を通じ、お互いに気づかい・思いやる「心」を持つ大切さを説いたのでしょう。孔子は「自分がされて嫌な事は人に施してはならない」と教え、キリスト教をはじめとする宗教でも「自分がされて嬉しい事を他人に施しなさい」と説いています。千利休は七則を通じて「されて嬉しいことを人に施すように」と説き、これは現代にも引き継がれ、日本の「おもてなし」の原点であると私は思っています。

7 おもてなしは「気づき」がポイント

皆さん、写真の中に小鳥は何羽いると思いますか。この写真は拙宅のダイニングから撮った河津桜の蜜を吸いに来たメジロの写真ですが、10秒見て「1羽ではなく2羽いる！」と気づいた人は観察力の高い人です。写真正面の1羽は誰が見ても気づきますが、もう1

コラム

「石田三成が豊臣秀吉に施した〝おもてなし〟」

当時の戦国武将の趣味は「鷹狩り」が多かったようで、野山を駆けずり回るスポーツですから相当の体力を要したに違いありません。その鷹狩りに興じた豊臣秀吉が、あるお寺で喉を潤すためにお茶を頼んだところ、当時、その寺の小姓だった石田三成は豊臣秀吉が指示したのではないのに「秀吉が心の中で求める願望」どおりのお茶を提供したという逸話が残っています。石田三成は、1杯目には「ぬるめのお茶」を大きな茶碗にたっぷり入れて出し、秀吉がそれを飲みほして「もう一服」と言うと、次は「やや熱くした少し濃い目のお茶」を出した、これを飲みほして「もう一服」と言うと、最後には「小さな茶碗に香りの利いた熱くて濃いお茶」を出した。その時の秀吉の状態を見て最適なお茶を出した、これこそ相手の「いま・ここで・秀吉だけに」合った施し＝おもてなしを行った！ もし、最初に熱くて少なめのお茶を出したとしたら「こんなもの飲めるか！」と大きな叱責につながったかもしれません。これこそ真の「おもてなし」で、三成が秀吉に対して行った「心づかい」と言えます。ここがサービスとホスピタリティの異なるところで、現在、通常のレストランのマニュアルに従えば「どんな時にも」「誰に対しても」「決められたとおりのもの」を提供するのがサービスですが、相手の状況を見て「今、ここで」どのようなものを提供したら喜んでくれるのか？ このお客さまは何を望んでいるのだろうか？ と、言われる前に「推察」して最適な対応をすることこそがホスピタリティといえます。

石田三成

羽はじっと目を凝らさないと見つけられません。正面の1羽の口ばしの先にもう一羽のメジロがいますが葉っぱと同じ色をしているのでわかりにくいと思います。メジロは「つがい」で生息する鳥でメスとオスが一緒にいる鳥と言われています。それを念頭に素早く「もう一羽いるはずだ！」と気づこうとする人は知力・観察力共に優れた人です。五感の優れた人やそうでない人、敏感な人や鈍感な人、この世には様々な人がいます。人と会って相手の表情を素早く察知し「相手の状況に応じて声掛け」ができる人は、「好感度」が高く、しかも「良好な人間関係」を構築できる人です。「今日は顔色が少しすぐれない様子だけど大丈夫?」「風邪ですか?」などの声掛けの後に、もし風邪気味な人とわかったら「あの仕事、私が代わりにしてあげます！」「今日は仕事を早めに切りあげて休養したほうがいいよ！」等と優しい言葉と振舞いがとれる人になりたいものです。今後、部下に対する「観察力と声掛け」ができない上司は生き延びていけなくなるかもしれません。

●「気づき」の高い人

「気づき」の高い人は、ホスピタリティマインド（おもてなしの心）の高い人です。これは生まれつきの人もいますが、多くは「気づこう」とする努力で高めることができます。人と会った時に「今日のネクタイは紺色のスーツによく似合っていますね！」「髪型変えた？　とってもチャーミングになって素敵よ！」等々、気づいて適切な声掛けができるようにしたいものです。奥さんが髪形を変えたのに、気づけないご主人はどちらかというと「鈍」です。奥さんは気づいてほしいと心の中で思っているのに「うちの人はちっとも気づいてくれない！」と不満を持つでしょう。このような夫婦はやがて残念な結果にならないとも限りません。そうならないためにも今から「五感磨き」に努力をしていけば、きっと「敏」になって夫婦仲も良くなります。それほど「気づこうとする姿勢」が大事です。

「気づき」は考え方を変えさせてくれ、普段「気づかない」ことに気づけば日常生活・生き方・仕事・お付き合い等の人間関係等に大きな変化が生じてきます。立ち止まって一つでも多く「気づく」努力をしませんか！

●「気づく心」が美しい

数年前に、化粧品業界トップの資生堂ビューティコンサルタント（全国8千名）のトップ中のトップ26人の皆さんの「おもてなし講座」を一年間担当させていただきました。最高レベルの美容技術・知識・応対力を身につけた方々だったので、どのような指導をして

いったらよいか悩みました。この時のカリキュラムに「紫陽花を見てどう感じたか？」という課題を出した時があり、梅雨時に紫陽花で有名な鎌倉のお寺を数軒巡り北鎌倉駅横の円覚寺境内の売店で目に留まったものがありました。それは円覚寺管長の「花も美しい、月も美しい、それに気づく心が美しい」という色紙に出あい、思わずハッとして、これは素晴らしい！　と思って購入しました。「花鳥風月を愛でる」のは多くの文学にも表された日本の伝統的な美の世界ですが、それに「気づこうとする心」を「美しい」と表現されている管長の心に私は感動したのです！　これこそ「おもてなし」の原点であると思いました。普段の生活の中で「気づく」力を持っていれば多くの発見や人への「思いやり」「気づかい」ができ、周囲から「好感度の高い人」という評価もいただけるでしょう。ぜひ、この「気づこうとする心」の磨きをお勧めしたいと思います。また、ビジネス上でも「気づきは利益を生む！」ということもあり、それは大きな効果をもたらします。

8 「感情知能指数ＥＱ(Emotional Quotient)」とホス活

「知能指数ＩＱ（Intelligence Quotient）」は、皆さんご存知と思います。数字で表した知能検査結果の表示ですが、いくら知能指数が高くてもこの世で認められ成功するとは限りません。「知力よりも好感度の高い人」のほうが多くの人から愛され評価されているのも事実です。ここでは、ＩＱではなくホスピタリティにとって大事な「感情知能指数ＥＱ」について考えてみたいと思います。この能力は、他の人達の「感情」を理解し、自らの感情と他の人達との関係を「効果的にマネジメントする能力」で、人生をより良く生きるために必要な能力ともいえます。「心の知性」や「感情のコントロール」が悪く、「対人関係能力」が低ければ、いくら学歴が高く知能が高くても、世間での好評価は難しいでしょう。ＥＱは周囲の人に対する「共感力・思いやり」ができる能力です。職場においては同僚との良好な関係を構築し、メンバー全員で知恵を出し合い、苦しんでいる人の分を皆でカバーし、一体感を創り出せる能力でもあります。高いＥＱを持つ優秀なリーダーは、チーム内全員の不安感を取り除き、「明るく前向きな空気」をつくりだせる力を持つ人とも言えます。この「感情知能＝心の成熟指数」が高いリーダーのいる職場は「風通し」が良く、働きやすい職場で、もちろん現在問題になっている「パワハラ」や「人間関係」に悩んで離職していく人も少ないと思います。これからはＩＱよりもＥＱの高いリーダーが有能なリーダーとして評価される時代になることでしょう。

2 外国の「ホスピタリティ」

1 キリスト教の巡礼とホスピタリティの誕生

ホスピタリティの精神は西洋における「聖地への巡礼」から生まれたとされています。『旧約聖書』では、「自分自身を愛するように隣人を愛しなさい」という教えがあることでも「愛」は大切な掟である理解できます。当時キリスト教（カトリック）の三大巡礼地は、エルサレム、ローマ、サンティアゴ・デ・コンポステーラとされ、その巡礼の旅で病に倒れた人や宿を求める人を宿泊させたところが巡礼教会で、その中で比較的小規模の巡礼教会が「hospice ホスピス」と呼ばれていたようです。そこでのもてなしから「Hospitality（歓待）」の言葉が誕生し、特に病人の看護などの仕事をする場所が教会の中に作られて、後の「Hospital（病院）」になり、そこは「孤児院・老人ホーム」等の役割も持っていたとされています。「ホテル・病院などの語源は一緒」であるということを考え、ホスピタリティ業界従事者はこれらの精神を十分理解し業務にあたって欲しいと願っています。フランスから始まるコンポステーラまでの巡礼道は800キロに及び、その道と周辺の諸施設は世界遺産に現在登録されています。この道筋の人々は巡礼者を「温かく」迎え、その精神は単なる「おもてなし・歓迎」を超えた、見知らぬ人への「温かい愛、思いやり、隣人愛」などを提供していたようです。

日本のおもてなしの基盤となり茶道の作法を確立した千利休の茶道観には、キリスト教の影響があったとも言われています。弟子の七人の武将は、キリシタン大名かその同調者であったようで、キリスト教徒は生活に困っている人や病気の人がいると、信者であるないにかかわらず、分け隔てなく「お世話をする習慣」があったようです。

「ホスピタリティ（Hospitality）」とは?

おもてなしの英訳であるホスピタリティ（Hospitality）について、以下の意味が辞書には載っています。

〈ホスピタリティ Hospitality〉（研究社　新英和中辞典）
「親切にもてなすこと、歓待、厚遇」
give a person hospitality（人を手厚くもてなす）
（例）I am moved by your hospitality（私はあなたのおもてなしに感動しています）
They gave hospitality to us（彼らは私たちを歓待してくれた）

では、ホスピタリティは欧米を中心にどのように解釈されているのか、書籍などで調べていくと、次のようなこともわかります。

「見知らぬ人をお客さまとして、歓待すること。特に、わけ隔てなく、物惜しみせず、

親切な歓迎をすること。」（オックスフォード辞書）

「聖なる者たちの貧しさを、自分のものとして彼らを助け、他人をもてなすよう努めなさい」（新約聖書）

これらをまとめると以下の意味になります。

a.「心をこめたおもてなし」「訪問者を親切・丁寧にもてなすこと」
b.「温かく接する、迎える、喜んでもらうための心づかい・気配り」
c.「心の温かさ、人としての優しさ」（理論・理屈ではない）
d.「他人を尊重し、大切にする気持ち」（人間愛）

一口で言い表すと、ホスピタリティ＝「温かく・親切・丁寧」という3ワードがポイントになり、「その気持ちで全ての人に接する」こと、と理解できます。

では、次に「相手に対する心づかい」の度合いについて考えていきたいと思います。

3「おもてなし」と「ホスピタリティ」の比較

心づかいの度合い

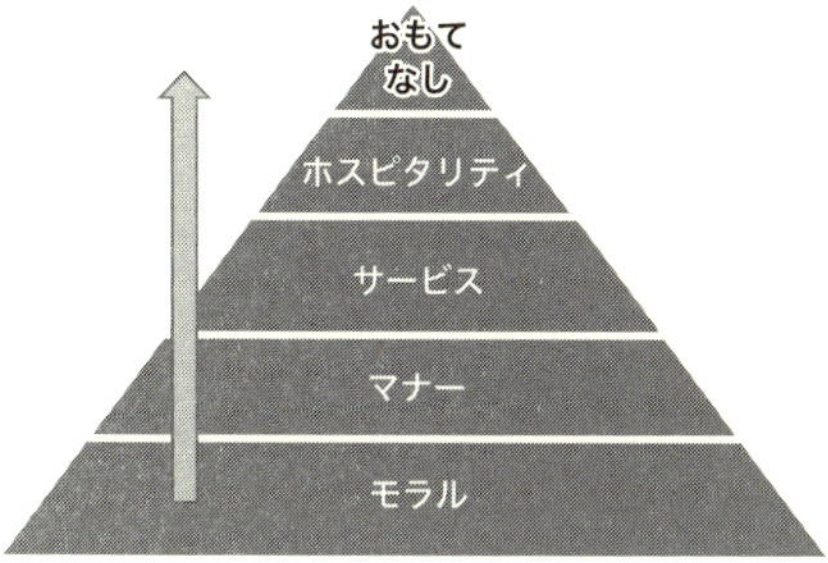

1 「相手に対する心づかい」の度合い

これは、「相手に対する心づかい」の度合いについての図解です。私たちが日常生活を送る上で周囲に迷惑をかけずに過ごすには、まず「モラル（道徳）」が求められます。このピラミッドにある「モラル・マナー」の部分が「道徳・倫理」で、それを土台として「サービス・ホスピタリティ・おもてなし」があります。これは全ての業界でも「道徳・倫理」が土台にあるということでもあります。古くは江戸の時代から「先義後利」に始まり、今日では「エシカル（倫理的）消費」ということがいわれているのも、経営の土台には「道徳・倫理」がなければ企業は長続きしないということでもあります。今後、増々企業の社会的責任（CSR）や倫理性などが強く求められていくものと思われます。

これらの「モラル」から「おもてなし」に至るまでは、性善説に立った人の「良心」から始まる「道徳心」や「倫理感」が前提にあり、それがないと

「相手に対する心づかい」は生まれません。元慶應義塾大学学長であった小泉信三氏は「人格と識見を身につけるための勉強と修養が大事」と説かれ、その人格と識見を「モラル・バックボーン（道徳的背骨）」と表現されました。このような道徳的なバックボーンを持って日常生活を送っている人が真の人格者なのかもしれません。

●日本の「おもてなし」の心

皆さん、「おもてなし」がピラミッドの最上点に位置するのはなぜだと思いますか。それはホスピタリティよりも「高く深い思いやり」だからであると私は思います。例えば「1カ月前にご宿泊いただいた熊本のKさんは今回の地震で大丈夫であったかしら？」と旅館の女将さんが心配し、早速Kさんにお見舞い状を差し出す、この行為こそ「おもてなし」と思います。従って、目の前にいらっしゃる人への心づかいだけでなく、過去にお越しになった人にも「心づかい」をすることこそ最上級の「おもてなし」で、これを「非対面の顧客配慮」と私は称しています。世間では「おもてなし＝表裏なし」と理解されている方もおりますが、まさに表も裏もなく「気づかう」ことを考えればうなずけます。これは「利他の精神」につながる行為で、「自分の利益」だけでなく「他人の利益」を常に考えて行動する姿勢です。

●おもてなしは「心の前傾姿勢」

この本では「ホスピタリティ＝おもてなし」と訳し、ほぼ同じ意味にとらえていますが、心を相手に傾けて相手の気持ちに添うことは一緒で、それは相手の動きをよく観察し「常に心を相手に傾ける姿勢」が求められます。それには「いま、ここで、相手に何をしてあげたらよいか？」を推察する、しかも「五感と心」を使って「気づき」、気づいたことを相手にしてあげることでもあります。このように「おもてなしの姿勢＝心の前傾姿勢」である、と私は思っています。

おもてなしの心＝「傾心寄添《けいしんきてん》」

天皇（現上皇）陛下のおそばで常に優しく寄り添う皇后（現上皇后）さまのお姿を拝見するたびに、お二人の「仲睦まじさ」と、国民に「寄り添う」姿勢に感動と感謝を覚えている国民は多いでしょう。被災地に赴き、ひざまずいて被災者と向き合い、優しい言葉をかけられ、相手の気持ちに寄り添われる、いつも頭の下がる気持ちになります。

1995年1月の阪神淡路大震災時から20数年が経ちましたが、その月末にいち早く被災地に赴き、皇居の庭に咲いていた「スイセンの花束」を震災で多くの家が崩壊し火災にあった場所に、皇后さまがそっと献花されたことを覚えていらっしゃる人は多いと思います。あの時になんと優しいお気持ちを備えた方だろうと感動し尊敬の念を持ったのは私だけではないでしょう。私たちもこのような姿勢で周囲に「心を寄せて」いけば、憎しみや争いはもとより、より良好な人間関係が構築出来ると思っています。その水仙の花束は「エバーフラワー（ドライフラワー）」として加工され今でも展望レストハウスに飾られているようです。「傾心寄添」とは、相手に「心を傾けて寄り添う」意味で僭越ながら私の作った言葉です。実は私も入社1年目の苗場スキー場での実習時に、当時の皇太子ご一家のスキーのお手伝いをさせていただきました。私はとても緊張していましたが、受け持っていたリフトに美智子妃殿下がご搭乗される時、スキー板を両足揃えしかもにこやかに私に頭を下げてくださって、私のような者にも丁寧なごあいさつをされたことに驚きと感動を覚えました。

2 「サービスとホスピタリティ」の違い

サービス（Service）とホスピタリティ（Hospitality）は似ているようで全く異なります。その違いについて、以下にまとめてみました。

〈サービス〉

サービスはお客さまと提供者との関係が「一時的な主従関係」になります。サービスを受ける人（お客さま）が「主」であり、サービスを提供する方は「従」の関係で、「主従関係」がはっきりしています。その語源は以下のとおりです。

Serve「（召使・奴隷として）仕える」　Servant「使用人、召使」

Servire（ラテン語：奴隷になる）　Servio（同：奴隷）

しかし、欧米と日本での解釈や使い方は大きく異なります。

（欧米）人が神に仕える（礼拝、祭式）
　　人が国家に仕える（公務、軍務）
　　人が人に仕える（給仕、サービス業）
（日本）サービス業、接客、おまけをつける、無料、安くする

日本では八百屋・魚屋さんで「リンゴ一つおまけします！」「通常はサンマ5匹1000円だけど、1匹サービスするよ！」ということを聞いたことがあると思います。このように国によって「サービス」の使い方が異なるのは文化の違いでおもしろいですね。

〈ホスピタリティ〉

ゲスト（お客さま）とホスト（提供者）との関係について、サービスは「上下関係」ですが、ホスピタリティは人間の尊厳をもって「対等」となるにふさわしく、相互に「感動を分かち合う」関係とされています。しかも対価を目的とせずに相手に「喜んでもらう」ことに重きをおいています。従ってホスピタリティは温かい心（Warm Heart）で、相手が喜んでくれる親切で丁寧な対応をするという「温かく・親切・丁寧」の3ワードがポイントです。

スペルの頭に「ho」がつくのはなぜ？

私は「Hospital, Hotel, Hospitality」等のスペルは、なぜ「ho」がつくのか？　これは「温かく包む」ことであると指導してきました。ホテルではスタッフが「お客さまを温かく包むような接客」をする、病院ではドクター・看護師が「患者さんを温かく包むように対応する」、このことがホスピタリティであります。「House, Home, Hold」等も「ho」がついています。私は言語学者ではないので詳しくは分かりませんが、上記の説明を応用してみれば、「Houseは家族が温かく包まれて住む家」、「Homeは親が家族を温かく包む家庭」、「Holdは物や人を抱きしめる」ことと解釈できます。

「サービスとホスピタリティの違い・比較図」

次ページの比較図に基づき私の見解を説明したいと思います。

〈概念〉

サービスは人へ何かを提供（給仕）し見返り（料金）を期待しての行動です。クリーニング店などで洗濯物などをきれいにして代金をいただく行為で、見返りを求めての仕事です。ホスピタリティはその提供は一緒ですが、「見返り」が先にあるのではなく「お客さま満足」を視点にした「自発的な行動」で、「満足していただけなかったら見返りはいただけない」くらいの気持ちでの行為です。

〈人間関係〉

サービスとホスピタリティとの違い・比較図

	サービス Service	ホスピタリティ Hospitality
概念	給仕	**自発的な「おもてなし」**
人間関係	上下（お客→従業員）	並列（お客⇔従業員）
性　質	いつでも・どこでも・誰にでも	**このとき・この場で・この人に**
時間軸	短　期	長　期
姿　勢	指示待ち	**気づき行動**
心的状態	平然	**心の前傾姿勢**
営業姿勢	先利後義	**先義後利**
教　育	ティーチング	コーチング
マニュアル	マニュアルどおり	マニュアル＋**付加価値行動**
見返り	求める	求めない（結果としての報酬）
経済効果	通常売上	**リピーター創出**
期待・結果	期待どおりの結果	**期待以上の結果**

サービスは、お客さまからの「依頼・指示」に基づく行動で上下関係ですが、ホスピタリティは、お客さまからの指示・命令を受ける前に、お客さまの「要望を理解」しての行動であるので、その点が大きく異なります。

〈性質〉

サービスは「いつでも・どこでも・誰にでも」という全ての人に対する「一般的で同質の使役（サービス）」の提供です。その人に合ったサービスというよりも「平均的で同一」のサービス提供で、ホスピタリティは「その時の・その場での・その人に合った・その人にだけ」の使役提供で、その人への「オリジナルな特別行動」です。

〈時間軸〉

サービスは提供する側と受ける側との「一時的な使役と金銭の関係」で、短時間で終了となりますが、ホスピタリティはおもてなしを施す（提供）側と受ける側との関係や「マインド（気持ち・精神）」が長期的であり、それがリピーターにつながります。

〈姿勢〉

サービスは定型（マニュアルどおり）の処理をすれば済みますが、ホスピタリティは定型に加えて相手が「より喜び満足する〝気づき行動〟」が求められます。

〈心的状態〉

サービスは通常の姿勢でことに当たれば済みますが、ホスピタリティは常にお客さまの動きに注視して「心をお客さまに傾け寄り添う〝心の前傾姿勢〟」が求められます。

〈営業姿勢〉〈見返り〉

サービスは「金銭（見返り）を求めての行為」です。ホスピタリティは「先義後利」＝先にお客さまに一生懸命に尽くせば後で利益が付いてくる、いわばお金が先にあるのではなく「後ろ＝結果」についてくる、このような姿勢で接客していけばリピーター客が増大し営業成績も向上していきます。見返りについては、サービスでは「報酬を求めるための行為」で、ホスピタリティでは「行為の結果としての報酬」です。

〈教育方法〉

教育方法には「ティーチング」と「コーチング」という二つの方法があり、サービスは前者でホスピタリティは後者です。後者の教育は「心の状態・姿勢のチェンジ」が求められるので、やや高度の教育方法が必要です。いったんこの姿勢を従業員が身につければ「好感度の高い」職場になり、店舗成績も上がっていきます。従業員にとっても「ホスピタリティ」を磨けば「キャリアを磨け」、どこに転職しても生きていけます。ホスピタリティ磨き→ホス活実践→高い好感度人間→周囲から高評価→イキイキした日常生活→楽しい人生！　というアップスパイラルが描けるでしょう。では「Teaching」と「Coaching」の違いはどこにあるのか、前者は字のとおり「教えて育てる」ことで、「一方的な指導＝プッシュ型」です。一方、後者は対象者に「考えさせながら気づきを与える」指導方法で、「どうしたらよいと思う?」「お客さまに喜んでいただく方法は?」等、常に指導対象者に問いかけ、「考えや気づき」を引き出す「双方向での指導＝プル型」方法です。

〈マニュアル〉

両方とも必要ですが、サービスは「マニュアルどおり」の行動で、それ以外の行為は許されない会社や店舗も多くあります。「なぜマニュアル以外のことを勝手にしたの?」と上司から言われることもあり、マニュアルどおりにしなかったために問題やクレームが出てしまうこともあるからです。ホスピタリティは「マニュアル＋付加価値行動」で、そのお客さまに喜んでいただけると思ったことはマニュアルに追加して「気づき行動」する臨機応変の対応が求められます。ホスピタリティの高い店舗では「お客さまが喜んでくれた施し」はすぐにマニュアルに付け加え、「マニュアルの進化」に常に努力をしています。これができるか否かで繁盛する店舗の運命が決まります。

〈経済効果〉

どの会社・店舗も同様に「売り上げの増加」を目標に努力していますが、「リピーター」が多くいるか否かで成績に大きな違いが生じます。もちろん一回限りの利用客しかいない店舗では新しいお客さまをつかむのに大きな努力と経費がかかりますが、ホスピタリティ溢れる会社・店舗では黙っていてもリピーターが繰り返し利用してくれるので経費は少なく済みます。ただ、来客への「満足・喜び・感動づくり」にはそれ相当の努力が必要で、常に「お客さま満足」達成のために、全従業員が「お客さまへ尽くす＝全員ホスピタリティ実践」が求められます。こうなれば商売繁盛は間違いなしです！

〈期待・結果〉

お客さまが店舗に訪れる前の「期待」と「結果」を考えた時、期待よりも結果が低かったら不満・クレームになり、期待よりも結果が上まわれば「リピーター客」になってもらえます。ポイントは、「期待どおり」ではなく「期待以上の結果・満足・感動」を提供することです。お客さまに8人の従業員が接し、7人がホスピタリティ接客をしたのにたった一人の従業員が実践できなかったらその店舗のホスピタリティはゼロで、「8－1＝7」の引き算ではなく「8×0＝0」という掛け算になります！　そうならないために「全員ホスピタリティ実践」のためのコーチングや集合教育で磨きをかけることが大事です。

●マニュアル行動とホスピタリティによる付加価値行動との関係

ゆで卵の殻をむき、それを輪切りにすると黄身と白身が見えます。黄身がマニュアル

「経営的側面」の違いは？

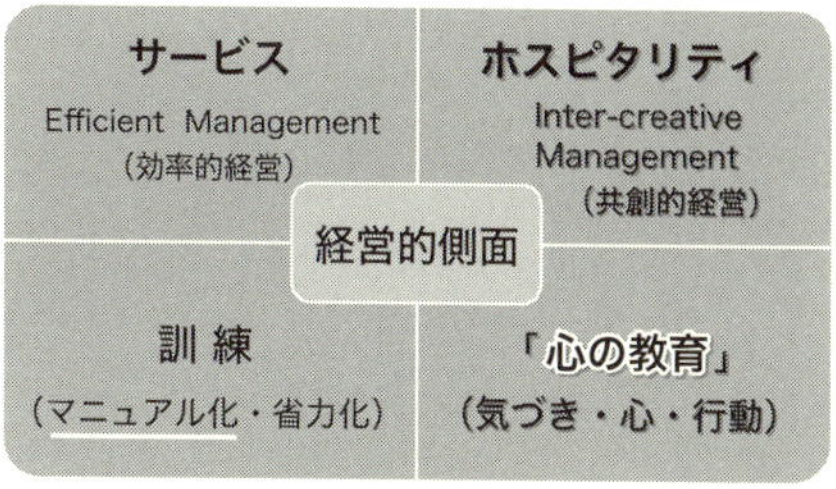

（基本行動）で白身をホスピタリティ（付加価値行動）と理解し、白身を大きくしながら、実践を通じて「喜ばれた白身」を黄身に加えていけば素晴らしい店舗になる、と私は指導してきましたが、ご理解いただけますでしょうか。

●経営的側面での違い

サービスはマニュアル化による効率的経営で、ホスピタリティは「そのお客さまのニーズに気づいて行動」する、いわばオリジナルな共創的経営です。従って「気づくための心の教育」がポイントになります。

●競合他社との価格競争に陥らないための「差異化＝ホスピタリティ教育」

多くの企業・店舗は常に競合他社との競争にさらされています。その多くは価格競争で、そこに陥らない方法が「サービス業からホスピタリティ業への脱皮」です。競合他社と同質のサービスや商品提供しかできないから価格競争に陥るのです。より「上質のサービス＝ホスピタリティ」が提供できれば、必然的にお客さまは利用してくれます。今まで以上の顧客満足を提供して「喜びや感動」を与えていけば、リピーターやロイヤルカスタマーづくりは可能です。「働く目的の意識改革」（第2章で説明）はじめ、「おもてなしの根本的な理解」や「おもてなしの精神＝ホスピタリティマインド」を学べば、営業成績がぐっと向上していくでしょう。私もここ数年、ホテル（シティ・リゾート・ビジネス）、旅館、ウェディング施設、レストラン、薬局、スーパー、販売店舗（化粧品・呉服・不動産・自動車）等の教育を担当し、学んだこと（Know）を行動（Do）に移し、できる（Can）にまで指導する教育手法を採った結果、営業成績が上向き喜んでいただきました。今後サービス産業は、ＡＩ（人工知能）の導入だけでなく「ホスピタリティによる差異化競争」の時代に大きく変化していきます。これは、従来のサービス・価格競争では勝負ができないため「他社・他店との差異化」を図りたいと考えている企業・店舗からの願望と相まって増々高まっていくでしょう。

● HOSPITALITYの意味は奥深い！

ホスピタリティとサービスの違いについて説明したとおり、サービスは「上下」で、ホスピタリティは「並列」という意味があることはご理解いただけたと思います。

そのことから「相互理解・信頼・容認・扶助・発展・依存」等の広義の意味にも使用されています。日本の「おもてなし」は主に「お料理を提供」することなどに使われていますが、私は「日常生活での心づかい・思いやり」など広義に解釈しています。この精神は

コラム

「ホスピタリティの視点から、世界をめぐる」
～観光地、風景、世界遺産、歴史、民族、土産物、食べ物等に見る「おもてなしの心」（明治大学リバティアカデミー社会人講座）～

私は、アジア・ヨーロッパ・アメリカ・オセアニア・アフリカ等を巡り、日本にいては気づかない「おもてなし」を探ってきました。魅力的な国の旅先で「見たり・聞いたり・感じたり」したことを、「ホスピタリティ」の視点から写真とお話で解説・披露しています。「Put yourself in his shoes. 相手の靴を履き相手の立場になって考え」キューバ危機が回避された事例もあります。外国人との共生や〝おもてなし〟等、各国の文化を知ることは、日本の文化の良さも再発見できますのでぜひ一緒に学びませんか。

駿河台
教養・文化
講座コード
19120064

世界の歴史・文化

ホスピタリティの視点から、世界をめぐる Part.8
～観光地、風景、世界遺産、歴史、民族、土産物、食べ物等に見える「おもてなしの心」～

今日まで、アジア・ヨーロッパ・アメリカ・オセアニア・アフリカなど、約60の国・地域を巡ってきました。世界への「旅」は、日本にいては気付かない数々の新しい発見や驚きがある一方、「おもてなし」や「食べ物」などの日本の良さを再認識させてくれます。今、2020年の東京五輪開催を契機に、日本のホスピタリティ（おもてなしの心）が改めて注目を集めています。いま話題で魅力的な国・地域を写真と共にめぐり、旅先で「見たり・写したり・聞いたり・食べたり・感じたり」したことを、仕事で専門としてきた「ホスピタリティ」の視点から解説、披露したいと思います。外国の観光地、リゾート地、世界遺産、歴史、土産物、食べ物、民族等・・・各国の文化を感じることで、日本の文化の良さも再発見したいと思います。日本にいながら「現地を訪問したような感じ」になっていただければ幸いです。さあ、一緒に“世界”へ出発しましょう！

日程		内容	講師
1	5/7(火)	「キューバの魅力」 ～'60年代のノスタルジックな風景、キューバ危機、音楽と陽気な国民性～	河野
2	5/14(火)	「パラオの魅力」 ～ミクロネシア諸島の美しい“癒しの楽園”、日本と深いかかわりの国～	河野
3	6/4(火)	「ブータンの魅力」 ～幸せの国の秘密、王様の存在とチベット仏教、今後の行方は～	河野
4	6/11(火)	「ウズベキスタンの魅力」 ～シルクロードのオアシス都市、旧ソ連時代に日本人が貢献した秘密～	河野
5	7/2(火)	「南イタリアの魅力」 ～日本人が憧れのアマルフィー海岸、アルベロベッロのとんがり屋根の秘密～	河野
6	7/9(火)	「ポルトガルの魅力」 ～ユーラシア大陸最西端の「のどかで穏やかな」国、南蛮貿易の影響～	河野

講座概要	
曜日	火曜日
時間	13:00～14:30
定員	30名
会場	駿河台キャンパス
回数	6回
受講料	一般：13,000円 カード：11,700円 法人：10,400円 学生：6,500円
教材	配付資料
ポイント	★

■講師紹介

河野 正光
元帝京大学経済学部
観光経営学科教授

小川 智由
コーディネータ
明治大学商学部教授

キューバの世界遺産「オールド・ハバナ」の風景

〈'19年春講座例〉

「相互理解・扶助」等の意味から、「国と国との外交関係」でも実践し、大事に至らずに済んだ例もあります。現在の米中の「貿易戦争」も双方が「経済における相互理解」を深めていけば、有効な解決策が見つかると思います。現在の状況を見ている限り「目には目を！」の様相を呈しているようでとても残念です。これも「自国ファースト＝ナショナリズム」の台頭で、「世界主義＝グローバリズム」での視点が薄れてしまった結果です。世界大戦後、世界はナショナリズムからグローバリズムに努力してきたはずなのに、TPP（環太平洋経済連携協定）やEU（欧州連合）から離脱する大国が出現してきたのは「歴史に逆行」しているといっても過言ではないと思います。もっとHOSPITALITY精神を基に、「相手の立場を理解しようとする姿勢」が今ほど求められている時代はないと思います。「国と国との関係」は「人と人との関係」と一緒で、その「相互理解・扶助」の推進は全ての人々の願いです。

3　おもてなしは「自分磨き」

おもてなしは「自分磨き」であると思います。その本質は「真心、思いやり、誠実、誠心誠意」という言葉で言い表され、それを実行するには「目配り、気配り、心配り」などが求められるからです。このような姿勢を身につけようとする行為は「自分を磨いていく」ことでもあります。いくら口で言っても行動が伴わなければ人は信用してくれません。あの人は「おもてなし」が実行できる人であると見てもらえるには日々の磨きが必要にな

真のおもてなし

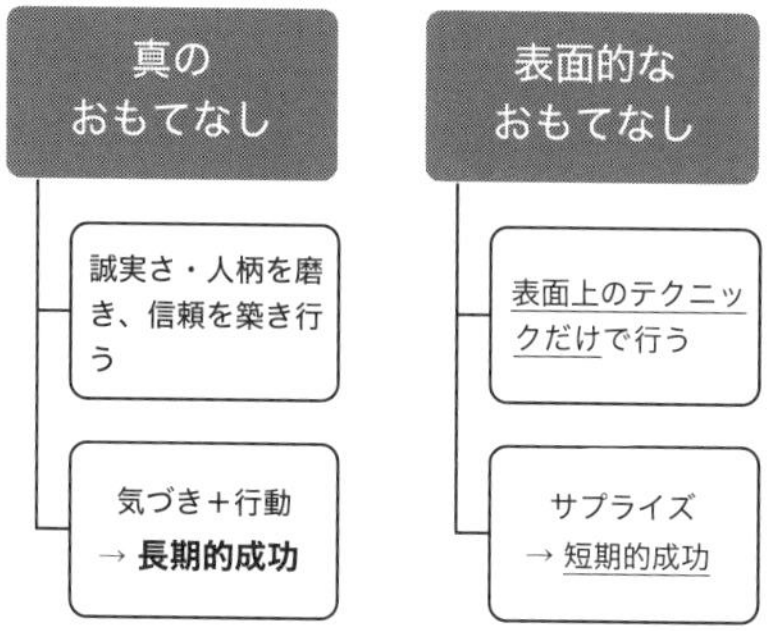

ります。その結果「礼節・挨拶」がきちんとでき、常に「笑顔」で人と接し、時には人を「歓待」しようとする姿勢も生まれてきます。また、言葉づかいや身だしなみ、さらに振舞いにも気を配っていければ「あの人は気づかい・品格のある人」と言われるようになります。したがって「良いおもてなしをすれば自分自身も磨かれる！」と信じて日々の生活の中で努力していきたいものです。

真のおもてなし＆表面的なおもてなし

「おもてなし」は奥深いもので、中にはテクニックで実行しようとしている人も見受けられるのは残念です。決して表面上のテクニックでは「おもてなし」は出来ません。一時的には出来ても長期的には不可能でしょう。私は「真のおもてなし」と「表面的なおもてなし」に分類して考えていますが、どれが良くてどれが悪いということではないので誤解のないようにしてほしいと思います。

真のおもてなしは、「さりげなく」

真のおもてなしは誠実さ・人柄を磨いて信頼を築くことであり、人間関係においても「長期的な友好関係」が築けていければそれに悩むことはなくなります。そのためには「相手の心の状態に気づき」、それに基づき「行動」できるよう日々心掛けることが大切です。しかも、大事なことは「さりげなく」がポイントです。長い人生で、このような「真のおもてなし」を磨いていければ、誰からも「好感」を持ってもらえて「イキイキとした日常生活」が送れます。また、「一時的な笑い・楽しみ」を引き出すことも大事で、時には「洒落やユーモア」なども必要です。二つの「おもてなし」に共通することは「相手を楽しませる」こと、しかも「相手の感動」を引き出せればこれにすぐる「おもてなし」はありません。日ごろの訓練でそれは身につき、やがて自分の周りに多くの人が寄って来て人脈が広がり「楽しい人生」が送れるでしょう。その根底には「真のおもてなし磨き」が必要であるということもご理解ください。

おもてなしと「恕」「仁」

漢字に「恕」という字があります。これはとてもよい字で「他人の立場や心情を察すること。思いやり。」（大辞泉・小学館）と記されております。この字には「ゆるす、他人を寛大に扱う、同情して相手をとがめずにおく」という意味もあります（寛恕）。「恕＝心＋如」で、「相手を自分と同じようにみる心のこと」（漢字源・学研）です。これも「ホスピタリティ・おもてなし」に近いとても意味深い言葉です。特に「相手を許す」気持ちがあれば争いごとも憎しみごとも和らいでくる言葉で、日常生活にも生かせます。論語にも「仁《じん》」という言葉があり、それは「自分と同じ仲間として全ての人に接する心、隣人愛、同情の気持ち」という意味のおもてなしに相当する言葉です。

●人にした親切を忘れること

「我、人に功有るも、念《おも》うべからず。而《しか》るに、過《あやま》たば則ち念《おも》わざるべからず」（菜根譚）という言葉は、人に親切にしたことは忘れること、逆に迷惑をかけてしまったことは忘れてはならない、「あんなにしてやったのに『のに』がつくとぐちが出る」（相田みつを）という言葉に近い意味合いです。親切にすることは「お互いさま」と思い日常生活を過ごしていきたいものです。

4 期待以上の「心づかい」が必要

相手にとって期待以上の「心づかい」がなければ「おもてなし」にはなりません。「事前の期待感と、利用後の結果の相関図」にあるように「結果＝期待感」の場合は可もなく不可もない状態で、お客さまの印象は薄いでしょう。期待感に対して結果が悪ければクレームや苦情になり、「期待していたのに、がっかり」となったらクレームどころか次回の来店は全くないでしょう。それどころかそのお客さまは他の人に言いふらすかも知れませ

顧客の「感動・喜び」へ！

事前の「期待感」と「結果」

店を訪れた結果 > 期待感 → 満足

▼

結果 ＝ 期待感
→ 印象薄い

結果 < 期待感
→ クレーム、苦情

▼

感動・喜び

結果 >> 期待感
→ **感動・喜び**

「私のために一生懸命やってくれている」
→ **感動・喜び**

ん。その悪評が伝わっていったら店舗が消滅する場合もあります。現代はＳＮＳ時代で「あっという間」に広がっていく、とても怖い時代です。私たちが目指さなければならないのは「結果が期待感を上回る！」ことで、お客さまが「満足・感動」を覚えるホスピタリティの提供です。

● 顧客に対して、「高付加価値・差異化サービス」を提供

ホスピタリティ業にとって最大の役割は顧客の「喜びと感動」提供です。ホスピタリティ業である以上は「一見客」ではなく「リピーター」で勝負していかなくてはなりません。もしも、一回限りのお客さまが多い店舗であれば「ホスピタリティ業としての店舗」とはいえず、多くのリピーターで成り立ってはじめてホスピタリティ業店舗といえます。それ

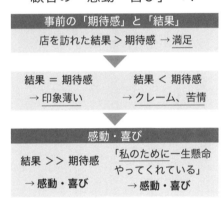

を測る目安として「期待値」と「結果値」とを比較する方法があります。

a. 店舗訪問前の期待値＜＜店舗訪問後の結果値→喜び・感動（リピーターに！）
b. 店舗訪問前の期待値＜店舗訪問後の結果値→満足（再訪問5割？）
c. 店舗訪問前の期待値＞店舗訪問後の結果値→苦情（再訪問は見込みなし？）

私たちが目指すのはaであることはいうまでもありません。それには既述のホスピタリティ溢れる店舗づくりです。大事な要素は「特定スタッフと特定顧客」との信頼関係で、お客さまから「可愛がってもらえるスタッフ」がどれだけいるかです。ここで注意しなければならないことはお客さまとの距離感で、「べったりの近距離」と「遠距離」は避けなければなりません。「程よい近距離」を目指していくのがベターです。その距離というのは、スタッフの○○さんはいつも「私の為に一生懸命」に気づかってくれる！　ということをお客さまに言ってもらえる関係になること、それが「喜びと感動」につながっていきます。

●「温かく親切で丁寧な」店舗づくりを

このような「温かく親切で丁寧な」店舗づくりのできたお店であればリピーターは7割程度つくでしょう。しかし、そのような店舗づくりは一朝一夕にはできません。お店のハード（建物や設備）・ソフト（料理・商品・技術）はもちろん、そこで働くヒューマン（人財）の質的向上が求められます。そのレベルに達するには繰り返しの教育訓練が必要です。そうなれば営業成績もついてきますのでマネジメントは成功します。お客さまとの良好なコミュニケーションが「愛される店舗」になります。今の若い人はコミュニケーションが取れる人と取れない人とに二分されるようです。いろいろな話題を話のタネに持った人になるためには日ごろの勉強（雑学含む）が必要で、常に話題のアンテナを高くし「そのお客さまに合わせた話」ができるようにしたいものです。そのような「ホスピタリティ溢れる」店舗が生き残れることになるのです。

5 エシカルアクション（倫理的行為）

ここ数年、東日本大震災をはじめ全国各地で大きな災害が発生しております。昨年の「災」という漢字がそれをよく物語っています。2018年にスーパーボランティアという方が大変な活躍をされて頭が下がる思いをしたのは私だけではないと思います。皆さんはボランティアの経験はありますすか。被災地に行ってその活動をすることは被災地へのホス活でもあります。私自身も2011年から3年間、学生を延べ約1000人引率して石巻や気仙沼に行ってきました。がれきの処理、小学生への本の読み聞かせ、仮設校舎のワックスがけなど、夏休みを利用して毎年4日間ほど現地へ赴き、帰りには気仙沼港横の仮設商店街で食事をして土産物も買ってきました。これらの行為は「エシカル消費」と呼ばれ、被災地での消費活動がその地域の人々を助けることにつながります。「倫理的行動・行為＝エシカルアクション」（私の造語）はホスピタリティにおける「扶助」につながります。

●レディー・ガガさんの気づかいに感謝

現代の米国を代表する人気シンガー・ソングライターであるレディー・ガガさんをご存知の人は多いと思います。彼女は東日本大震災時の福島県を訪問し「日本は安全です！」と世界に呼びかけてくれ日本に大きな勇気を与えてくれました。これは彼女自身も子供の頃「学校でいじめられ唯一の逃げ場が音楽」であったという、「人の痛みを知っていた」からこそ、このような気づかいをしてくれたと私は感謝しています。人は不遇な経験を経て「相手の立場を理解できる」人になれる、逆に考えれば「自分はいま不遇だけど、これは神様が成長の為の試練を与えてくれている」と思えば、人は大きな壁を乗り越えられるでしょう。

●ホスピタリティ精神は「相手へのリスペクト（尊重・尊敬の念）」

第41代アメリカ大統領であったジョージ・H・W・ブッシュ氏の国葬が2018年末に行われたのは記憶に新しいと思います。景気悪化と戦い十分な成果を出せずに苦しみましたが、東西冷戦の終結という偉業は大きな功績でもありました。同大統領の人柄は多くの国民に愛され、大統領選でビル・クリントン氏に敗れてホワイトハウスを去るとき、同氏に1通の置き手紙を残したとのこと。その手紙には「あなたとあなたのご家族の幸福をお祈りします。あなたの成功は我が国の成功です」と、書かれてあったようです。共和党のブッシュ氏が政敵であった民主党のクリントン氏に、相手が読んだら感動する置手紙を残したのは、まさに「ホスピタリティ」そのものと思います。ラグビーでも、戦った相手をいつまでも敵と考えずに「ノーサイド」や「ワンフォアオール、オールフォアワン」という言葉で、相手チームやすべての選手を称える、全ての世界でこのような「相手をリスペクトする＝ホスピタリティ精神」が広まっていくことを心より願っています。

6 モノから「心」の時代へ

なぜ「おもてなし」を東京オリンピック招致のキーワードとして世界にアピールするようになったのでしょうか。それは日本の伝統的な「相手への心づかい」が世界に訴えることのできる最大のポイント（材料）であると関係者が判断した結果だと思います。しかし、若者をはじめ日本人がどこまで「おもてなし」を理解し、実践できているのかは心もとない部分が多々あるような気がします。今では五輪招致時の「お・も・て・な・し」が全国津々浦々まで広がり、伝統的な文化を見直すチャンスであると思います。しかし、外国人が多数訪日し「日本はおもてなしの国」と聞いてきたけど、電車に乗った時に我れ先に席を奪って座ろうとするのは「おもてなし」なのか？という疑問が出ないことを願っています。そうなったら招致の趣旨と異なって「外国人への裏切り」にもなってしまうからです。そうならない為にこれらの本を通じて「おもてなしの意味」や「人への気づかい」などを理解し実践してほしいと願っています。そうなれば日本のおもてなしが全世界に広がり、訪日客も増大していくことにつながるでしょう。

●「人間的な温かさ」や「心の豊かさ」を

この世が「標準化」され、能率や効率だけを求める時代になったら「人と交流する楽しさ」もなくなり「心の充足感」もなくなってしまいます。今日までサービス業界では「マニュアル化による効率」を求めてきましたが、今後は人工知能（ＡＩ）等の導入で「効率化」が増々進んでいくでしょう。既にコンビニ業界では人手不足時代と相まって「無人店舗」も出現していますたとえＡＩが進んでいっても「人と人とのふれあい」や「人間的な温かさ」を備えた店舗は求められ、なくなることは決してなく、生き残れると私は思っています。時には効率的ではない「非効率的な接客」による営業も重要になってきます。

なぜなら「効率的な接客」は「さばき」になる場合もあり、「人と人との温かさ」が薄れてしまうからです。また、日本は戦後「豊かさ」を求めて「物」の生産に力を注いできて、「物」を作れば「豊かさ」を達成できると信じてきたのも事実です。確かに物は「便利さ」を生み、その結果「豊かな生活」を生み出してくれました。しかし「物質的な豊かさ」は「心の豊かさ」につながってきたのでしょうか。モノは豊かになったけど毎日「心が満ち足りている」人は少ないと思います。サービス業の世界でも全てが「ロボット作業」に置き換えられたらどうなってしまうのかと心配です。人手不足時代を迎えロボットや人工知能に頼る時代になるのは眼に見えています。しかしサービス業のすべてがそれらに置き換わってしまうことはない、それはなぜか？　それは、「人との温かい交わり」がなければ「無味乾燥な社会」になってしまうからです。

7 「ホス活貯金」運動のススメ

既述のとおり、ホスピタリティは「温かく・親切・丁寧に」人に接する行為です。これらをビジネス上だけではなく日常生活に活かしていけば、もっともっとこの世の中は生きやすい社会になっていくと思いませんか。折しも東京五輪を目前に控え「日本はやはり〝おもてなしの国〟だった」と、多くの外国人に喜んで帰国していただくために、「ホス活貯金」運動の提案を考えてみました。それは、外国人ばかりを対象にすることではなく、皆さんが日常生活をしていく上で「人にホス活（ホスピタリティ活動）がどれだけできたか？」その回数を貯金してもらうことです。例えば、通勤通学途中の電車内で、体の不自由な人に「席を譲ってあげた」「お年寄りの重いバッグを持ってあげた」「道に困っている外国人に笑顔とボディランゲージで教えてあげた」等々、ちょっとしたホス活をしてあげたら相手は喜んでくれるに違いありません。これらの行為を1ポイントとしてメモにつけ、1カ月間でどれだけ貯まったのか、自分自身の励みにしていったら毎日の目標が生まれてイキイキした日常生活になると思います。

●「ホス活貯金」をした子供にご褒美を！

家庭でも「ホス活貯金」を実践した子供に対して親御さんがご褒美をあげる、そうすれば子供に社会性が育まれるだけでなく、家庭内のコミュニケーションにも大きな効果が生まれます！　親子の会話力が高まれば子供もイキイキした学校生活を送れる、時には学校でもこの活動結果の発表会を設けたらよいでしょう。東京二〇二〇大会は健常者だけでなく多くのハンディキャップのある人も集う大会です。日本に行ったら「誰もが温かく受け入れてくれた」「笑顔で親切にしてくれ、さすが〝おもてなしの国〟だった」「我が国も日本に見習わなければ！」という声が、世界中から聞こえる大会にしたいものです。日本は経済面からはバブル崩壊後「失われた20年」という時代を経て、近頃は比較的景気の良い時代になってきました。この「失われた20年」時代に育った子供たちをはじめ多くの国民は「内向き志向」になった気がします。それはリストラ・倒産という暗い雰囲気の中で自分のことを考えることに精一杯だったからです。景気も上向き自分のこと以外にも目を向ける余裕が出てきたので、目と心を「外向き志向」にチェンジするチャンスでもあると思います。学校や自治体からこの「ホス活貯金運動」をぜひ推進していって欲しいと願っています！

8 「ホスピタリティ」育成は小学生から教育を

〈京都市での取り組み〉

京都市では小学校高学年に対し「京都観光」についての理解と、京都を訪問するお客さまに対する「おもてなしの心」の教育を実施してきたことは素晴らしいことです。自分たちが住んでいる町の「観光地」はどのような魅力があるのか、それらを理解するだけでなく道すがらお会いした観光客に対して「おいでやす！」等の挨拶を子供のころから教え込

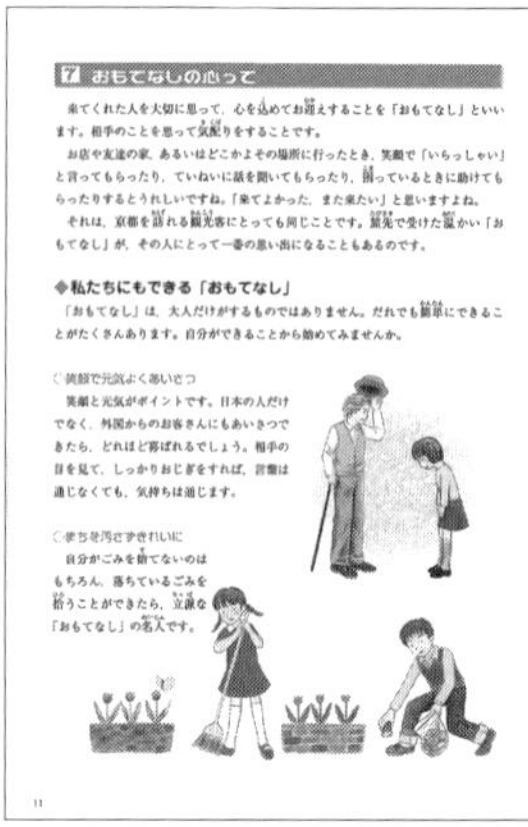

7 おもてなしの心って

来てくれた人を大切に思って，心を込めてお迎えすることを「おもてなし」といいます。相手のことを思って気配りをすることです。

お店や友達の家，あるいはどこかよその場所に行ったとき，笑顔で「いらっしゃい」と言ってもらったり，ていねいに話を聞いてもらったり，困っているときに助けてもらったりするとうれしいですね。「来てよかった，また来たい」と思いますよね。

それは，京都を訪れる観光客にとっても同じことです。旅先で受けた温かい「おもてなし」が，その人にとって一番の思い出になることもあるのです。

◆私たちにもできる「おもてなし」

「おもてなし」は，大人だけがするものではありません。だれでも簡単にできることがたくさんあります。自分ができることから始めてみませんか。

○笑顔で元気よくあいさつ

笑顔と元気がポイントです。日本の人だけでなく，外国からのお客さんにもあいさつできたら，どれほど喜ばれるでしょう。相手の目を見て，しっかりおじぎをすれば，言葉は通じなくても，気持ちは通じます。

○まちを汚さずきれいに

自分がごみを捨てないのはもちろん，落ちているごみを拾うことができたら，立派な「おもてなし」の名人です。

11

京都市作成の冊子より

むことはとても大事なことです。私はこのような地域ぐるみの「おもてなし」を「ローカルホスピタリティ」と称していますが、各地の「地域ぐるみの受け入れ姿勢」が今後ますます重要になってきます。「訪れてよし住んでよし」という言葉のとおり、「訪問する人」にとってだけでなく「住んでいる人」にとっても、気持ちの良い観光地づくりが必要です。訪日外国人は日本文化体験を希望する人が多く、「古くから住んでいる町」を見て歩きたいという願望が多くあります。10年ほど前に山形県の山形鉄道「フラワー長井線」乗車時に、ボックス席に同席した小学生が自分の住む地域を「ですます」言葉で教えてくれて大変感動し、それがきっかけで2度再訪しました。今後は小学生時代から「外国人への挨拶」はじめ、「外国語での簡単な観光案内」や「コミュニケーション方法」等の教育が必要と思います。自分たちの住む「まちの魅力」について、外国語を通して教育していけば一挙両得になります。自分の住む地域についいて観光の視点から学び、地元への愛着や誇りを育む「観光教育」が今後広がっていき、より「魅力ある観光立国」作りのために観光庁と文科省が連携し推進していくことを強く願っています！

第2章

仕事（会社・職場）とホスピタリティ業界での活用

この章では「ホスピタリティ（おもてなし）」を、通常の仕事（会社・職場）やホスピタリティ業界でどのように活かしていったらよいかについて、皆さんと一緒に考えていきたいと思います。従来の考え方を変えていけば仕事がイキイキしグッと楽しくなります！

1 仕事（会社・職場）をホスピタリティ活用で〝楽しく〟

A 働く人の意識改革に有効なホスピタリティ

1 「自分は必要とされている！」＝自己肯定感

皆さんは、働いていて「自分は必要とされていないのでは？」と思ったり、「一体何のためにここで働いているのか？」等、考えたりして自己嫌悪に陥ることはありませんか。それが大きな悩みに発展すると離職やノイローゼにもつながりかねません。そうならないためには「Self-esteem 自己肯定感・自尊心」を持つことを勧めます。現在の職場で上司や周囲から十分な評価をされていない場合は「やりがい」等の心配がありますが、そのような悩みを持つ人は比較的周りからの評価は高い人でもあると思います。それは「今のままでは成長できない？」「もっと頑張らなければ！」という次の成長へのプロセス上の悩みでもあるからです。自分は「重要な仕事を任されている」のでもっともっと勉強していかなければならない、という使命感をもっていけばぐんぐん成長していきます。このようにネガティブ思考をポジティブ思考にチェンジしていくことです。

また、自己肯定は他人肯定にもつながるので、「相互肯定」はホス活に通じます。

「リンゴ一口組」はNG！

一方、そうでない場合もあります。リンゴを一口かじっただけで「酸っぱい！」と思って離職に走る若者もいて、親からすれば「あんなに就活で苦労して入社したのに」と嘆くのもよくわかります。この世に「自分にピッタリな会社・職場はない！」のです。どんな一流企業であっても自分が希望した職場でも、「60％満足」からスタートし、それを70→80→90％にしていくのは、自分自身の努力なのです。リンゴも外側よりも中に行けば行くほど「蜜」が多くなります、会社・職場も同様で最低5～7年経験しなければ良さはわからないものです。それを見つけていくのは自分自身であって、仕事の中で「考え・工夫」しながら高めていくものです。5～7年仕事し、それを基に「次のキャリア」を磨きたいという人は良いでしょう。自分自身のライフデザインがきちんとしていて次に学ぶべきことが明確であれば転職を勧めます。このような人は次の会社・職場に行っても仕事のできる人として評価されるでしょう。しかし、「リンゴ一口組」の人は、次の会社・職場に行っても離職、これを「リンゴ一口組のダウンスパイラル人生」と私は称しています。キャリアアップのための「アップスパイラル人生」を歩むためにも、「セルフエスティーム（自己肯定感）」と現在の会社・職場に誇りを持ちイキイキ働いてほしい！ と願っています。

2 「働き方」改革よりも「働く姿勢」改革

最近「働き方」改革が進められていますが、皆さんの職場はいかがですか。従業員の「働く満足・幸福度」と仕事の「生産性」とを同時に上げることに主眼が置かれているのに、働く人の「幸福・満足度」を向上させることが見えてきていないように思います。制度改革はもちろん大事ですが、もっと従業員がイキイキと気持ちよく働けるような「上司と部下との良好な意思疎通」「パワハラのない職場」「部下の自主性の尊重」等の改革を図ることが大事と私は思います。人手不足時代を迎え、従来の組織・人事制度の改革に取り組んでいるようですが、いくらそれらを変えても、「経営者・上司の意識」を変え、働く人の「働く目的の意識」や「イキイキ働ける職場環境」への改善・改革を進めていかなければ、「離職」や「パワハラ」等の問題解決にはつながらないと思います。もちろん勤務方法や労働時間短縮はとても大事で、推進して欲しいと願っていますが、それ以上に働き甲斐のある「お互いが助け合う良好な人間関係」の職場を願っている人がとても多いと思います。後述の「働く目的」のベクトルを180度変えると同時に「ホス活による職場環境」の変革が進めば「イキイキ働ける！」ことになります。「その仕事、私がします！やっておきました！」や、「あなたの仕事は今日私がやっておきますので、ゆっくり風邪を治してくださいい！」と、お互いがいたわり合える「ホスピタリティ＝相互理解・扶助」の職場づくりが、本当の「働き方＝職場改革」につながると信じています！

●女性（妻）が思い切り働けるようにするためのホス活

「2017年労働力調査」（厚労省）によれば共働き世帯（1188万）は専業主婦世帯（641万）を大きく上回っています。これは多くの女性が「仕事と家庭の両立」を求められていることを表し、男性や上司・幹部の「女性に対する気づかい・思いやり」が求められていることでもあります。近年女性の社会進出と共に女性が活躍する時代になってきているのは喜ばしく思います。「お子さんのお迎え時間でしょうから、すぐに行ってあげて！　あとは私がやっておきますから！」という、働く者同士の「相互理解・扶助」溢れる職場であれば、気持ちよく働くことができて労働生産性の向上につながります。気持ちよい職場作りにはお金はかかりません。なぜなら同僚・上司・幹部の「意識を変えれば達成できる」ことですから！　家庭内でも共働き夫婦にあっては、働く奥さんに対しご主人がどれだけの「相互理解・扶助」ができるかがポイントになります。それには仕事の分担はもちろん、ご主人が休日にゴルフを友人と楽しんできたように、奥さんにも友人と楽しめるための「休日」を与えてあげなければ平等にはなりません。これからの時代は「夫婦平等の過ごし方改革」に向けての「意識改革」が必要で、まずはご主人から奥さんへの「ホス活」改革を願っています。

働く姿勢改革は「働く目的・意識」改革からスタート

「(楽しく働くこと)を以て、(自分・家族・お客さまが喜ぶこと)を為す」これは働く目的についての「おもてなし」です。それには、まず職場で「仕事を楽しむこと」です。決して「お金を稼ぐ」ことと考えないことです。そうしたら毎日が「イキイキ勤務」になります。「家族のために働かなければならない」と考えるから、モチベーションダウン・不満足になるのです！ 働く姿勢改革は「働く目的・意識」改革につなげていかなければ、いつになっても「楽しく」働くことはできません。

「働き方改革」への取り組み

皆さんは「サイボウズ」という会社をご存知でしょうか。ソフトウェアの開発会社ですが、この会社の青野社長はいち早く働き方改革を進めて、離職率を28%から4%にした素晴らしい会社です。社長をはじめ従業員が一体となったチームワーク経営によって、「働きがいのある会社ランキング」中規模部門に6年連続ランクインされています。その秘訣を探るため、私は2018年秋のイベント(幕張メッセ)と社長講演(日経新聞)に参加し勉強してきました。それは社長の人間的な魅力もさることながら、社長の考え方(発想）が従業員視点にあり「多様な働き方改革」を実践していることにあります。「100人には100通りの働き方」があるという考え方で、「働く人の立場」に立った働き方改革を推進している点でした。例えば、働く場所・時間の選択可能な「多様性を尊重したワークスタイル」の実践など、「組織風土改革」を通じて生産性を高めている点です。「母の介護のために岡山に帰らなければならないが、私はサイボウズが好きなので辞めたくない」という女子社員に対して、それなら「岡山の自宅で勤務を！」と社長が提案し、彼女は辞めずに済んだばかりか「岡山のマーケット開拓」につながったようです。まさにセレンディピティ（偶然の発見）ですね。最初は躊躇することでもやってみると様々な発見・効果が出るものです。社長自身も若い時には徹夜での会議なども経験したセーレツ社員であった反省から「社外勉強会への参加」「育児や家事」をするほうが成長につながる、と考え方を大きく変換されたようです。まずは経営者・幹部が自ら「考え方」を変え、行動していかなければ「会社の運命」は変わりません。

●「幸せ感」を感じられる楽しい職場は生産性が高い

同社の幕張メッセでのイベントのテーマが「楽しいは正義」でした。これは5年ほど前に「創楽力」の本を出したいと考えていた私のテーマにピッタリであったので大変驚きました。このような会社こそ働き方改革のリーディングカンパニーであると思いました。第3章で説明していますが、「幸福学」研究の第一人者である慶應義塾大学・前野教授によれば、幸福な社員は不幸な社員よりも「創造性が3倍、生産性が約1・3倍」高く、さらに欠勤率や離職率も低く、同僚を助ける力があって売り上げ貢献度も非常に高い、とのことです。まさに「楽しむ」「幸せ感が高い」ことは「相互理解・扶助＝ホスピタリティ」と密接にリンクしている感を強くしました。これは「ホスピタリティ活用経営」にも通じることで嬉しく思います。これからの企業経営者には、CS（顧客満足）だけでなく「ES（従業員満足）＆EH（従業員幸福）」が求められていると私は思います。同社のような「従業員の働く楽しさと幸せ」を目指す会社が多く出てくることを願っています。

3 「部下も上司の人事評価」をすればパワハラはなくなる

人事評価は「上司が部下を評価」するのが一般的ですが、なぜ「部下が上司を評価」するというシステムはないのでしょうか。近頃はそれを取り入れている企業もあるようですが稀なことです。私は人事を担当していた時に担当役員に提案したことがありました。その役員は何事にも前向きな人でしたが一瞬戸惑った顔で「今はまだ難しいな！」と、実現はできませんでした。しかし、あれから三十数年が経ち、時代が大きく変化し、大学でも「先生の授業評価」については学生からアンケートをとる時代です。私の授業について学生がどのように思っているのかのアンケート結果に基づき、半期ごとに反省と改善を重ねてきました。それにより「自分自身も多少は成長」したと思っています。人事評価も「7割は上司から部下へ、3割は部下から上司へ」評価する制度へ変えていけばパワハラや職場環境も好転していくと信じています。まさに「相互評価」です。

「ホス活力の高い人・正しいことをしようとする人」に評価を高く！

どの職場でも周囲に気を配り「ホス活」に勉めている好感度の高い人はいます。皆さんの職場でも同様でしょう。また間違ったことが嫌いで上司に正しいことをキチンと諫言できる人もいます。このような人は上司からは煙たがられる（？）人かもしれませんが、この人こそ会社には必要なのです。このような人を評価できない上司は器が小さく上層部の顔色しか見ていない、と私は思います。正しいことを言ったりする人はコーポレートガバナンス上必要なのに、上司がバリアーになってしまっていては残念です。子供を持つワーキングマザーに「今日は仕事が速く片付いたので早く子供をお迎えに行ってあげて！」と周囲に気を配り、「ホス活」に勉めている好感度の高い人に対して嫌な顔をする上司もいます。このような上司こそ「気持ちよく働ける職場づくり」への意識改革が必要と私は思いますが、皆さんはどう思いますか。

ダイバーシティ（多様性）時代の魅力的な企業

ダイバーシティ時代の魅力的な企業とはどのような企業か、ホスピタリティ視点で考えれば次のような企業であると思います。上司と部下との相互理解・信頼がある、正社員と契約・派遣社員等とが協働状態にある、ワーキングマザーの育児と仕事の両立に対する同僚の協力・支援がある、少数社員（病気を持った人・障害者・外国人・ＬＧＢＴ等）への理解がある企業です。これらへの理解如何で「人を引き止（留）められる企業」であるか否かが決まると私は思います。

パワーハラスメントは「思いやり不足」が原因

近年、様々なハラスメントが問題になっています。パワハラ・セクハラ・アカハラ等、様々です。ハラスメント（Harassment）とは、様々な場面での「いじめや嫌がらせ」で、他人に対する言動が本人の意図に関係なく、相手を不快にさせて人格を傷つけたり、不利益や脅威を与えたりすることです。これらの原因は「思いやり不足」で、残念ながら当事者は「相手のことを思いやって」と思っていることも多いので厄介です。自分の言動がハラスメントではないと思っているために、他の人から指摘されると戸惑うこともあるでしょう。これはハラスメントではありませんが、私自身も若いころ上司から厳しく育てられ一時は会社を辞めたいと思った時もありました。上司が自分に厳しく当たるのは「自分を育ててくれているため」という考えに至るまでには年月がかかりました。その社員教育は当時のマスコミで取りあげられるほど世間からは「厳しい教育」という評判で、多くの政治家や会社経営者が「自分の子供を貴社で厳しく教育してほしい」とオーナーに依頼してきました。私も厳しく指導されたことが後の自分にとても勉強になったので、その後人事で教育担当になった時に「叱る」ということを念頭に指導してきましたが、私の言い方や表情が良くなかったせいもあり「厳しい教官」というイメージになり今では反省しています。当時私が担当した多くの社員が世界でトップクラスの外資系ホテル総支配人や政治家（副大臣）・会社経営者になって活躍し、また現在残っている社員もホテルの総・支配人として活躍しているのを見るにつけ大変嬉しく思っております。常に「クールヘッド&ウォームハート（頭は冷静に、心は温かく）」ということを教えてくれた当時の社長に感謝しております。このように「人を育てるために叱る」こともあるのでハラスメントと誤解して欲しくない場合もあります。

●「心が健康」であれば病気にならない

厚労省の調査によれば職場でストレスを感じる人が6割、その主な原因が人間関係であるため、ストレスチェック制度が施行されました。病気になる原因は様々ですが「職場での人間関係が原因」であれば、心がけ次第で防げる気がします。それは上司と部下の目が「相互に向いている」ものを「仕事・お客さま」に向ける、仕事がうまく進まない原因を上司・部下のせいにするのではなく、「仕事そのもの」や「お客さま満足」に視点を変えてみる工夫です。特に若い人は仕事を通じキャリア形成を考えているので、上司は部下に対して「この仕事はどうしたらうまくいくと思う？」という「相互思索」をお勧めします。これも上司と部下との「ホス活」です。

●「叱る」と「怒る」ということの違い！

皆さんは「叱る」と「怒る」ということは全く異なるということはご存知でしょうか。残念ながらこの違いを知らない管理職も多くいます。それを理解していないためにパワハラと受け止められている上司もいます。叱るというのは「部下の成長のため」で、怒るというのは「上司の感情の怒り」から部下に当たることです。いわば叱ることは「相手（部下）のため」で、怒ることは「自分（上司）のため」なのです。つい大声で感情的になった場合は、「6秒間大きく深呼吸」すること（脳内興奮物質のアドレナリンの分泌は6秒で治まる為）、「これを言ったらおしまい！」と心でつぶやくことです。その時には、相手に「どうしたら失敗しないで済んだと思う？」というような「冷静に諭す言動」が大事です。相手の気持ちや思いを「想像・配慮できない」人がハラスメントに進んでいってしまうのです。上司が愛情を持って「叱る＝部下を育てる」ということに気をつければパワハラはなくなります。上司の本来の役割は「部下の能力・ヤル気を引き出す」ことにあり、逆の「ディスボス（dis-bossヤル気を下げる上司）」になっている上司は職場にとって不要です。ディスボス（私の造語）と部下との関係が続くと、部下から「一身上の都合で退職したい」という結果になります。一身上（？）はとても曖昧な表現ですがその裏には「上司との人間関係が理由」という本音が隠されていることが多く、キャリアアップのための退職は歓迎できますが、それらの退職は避けなければ、増々人手不足につながります。上司は「自分も若いころ失敗ばかりしていた」と思い出して、もっと部下への気づかい・思いやりを持つ「部下へのホス活」に気をつけていって欲しいものです。米国シリコンバレーでのIT企業では「1 on 1ミーティング」（上司と部下が2週間に1回、15分程度の面談実施）で、離職を6割減少させたという事例もあり日本企業でも導入をお勧めします。もっと上司が部下への気づかい・思いやりを持つ「部下へのホス活」に気をつけて欲しいものです。もし自分の職場に心あたりがある場合は、この本を「部下一同」として上司にプレゼント（誕生祝？）することをお勧めします。

● カスタマーハラスメントの原因と対策

カスタマーハラスメントとは、商品やサービスを受ける側が「自分の満足する商品・サービスでない」ことを原因として、それを提供する側に「暴言・威嚇・脅迫などを浴びせる行為」です。自分が満足しないからといって「土下座して謝れ！」などと強要するのは「悪質なコンプレイン」です。これらの多くはクレームではありません。提供する側に大きな責任がない場合は「強要罪・脅迫罪」が適用されるので警察などに相談することです。

私も現役時代、このような経験を数多くし、ロビーで大声を出されたり、胸倉をつかまれて小突かれたり（この社長は数カ月後に自社の従業員に暴力をふるって逮捕され、会社も倒産）、ホテル宛てに脅迫状をもらうなど、弁護士と相談しながら対処してきました。当方に品質や法的な問題がなければ「毅然とした態度」で早く処理すべきです。「コンプレイン（感情的な苦情・愚痴）」と「クレーム（品質・法的な問題）」の違いをよく理解し、最初から「申し訳ございません」と謝らないことをアドバイスしておきます。当社に問題がなかったにもかかわらず「I am sorry!」と言ってしまったために、外国人に７００万円もの損害賠償金を支払わざるを得なかったこともありました。

● ホスピタリティは「相互理解」

ホスピタリティ（相互理解）を考えたらこのような問題はなくなるはずです。サービスとは「使役の提供によって報酬を得る」と一般的に考えられて、「自分はお金を支払っているので、満足する商品やサービスを受けるのは当然」とお客さま側は思うからです。駅員が酔客に胸倉をつかまえられ暴力を振るわれる（その対策としてすぐ外れるネクタイを着用）ケースも多々あると聞いています。最近は店内に次のような貼り紙をする居酒屋もあるようです。「お客様は神様ではありません、我がスタッフはお客さまの奴隷ではありません、我がお店ではお客さまの注文方法で値段が変わります」と壁に掲出しているとのこと。＊『おい、生ビール→1000円』『生一つ持ってきて→700円』『生ビールお願いします→350円』ユーモアがあって面白い試みですね。お客さまの反応を見ながら対策を考えるのも良いかもしれませんが、これらの貼り紙を出す以上、「それ相当のホスピタリティ」をお客さまから要求されるのでキチンとしたスタッフ教育も必要です。また、取引先に対する「優越的地位の乱用ハラスメント」も独占禁止法で禁じられていますので要注意です。今後は、SNSを通した脅迫は増々多くなると予想されますので十分注意が必要です。「お客さまは神様です」というのは、当方の気づかない点をお客さまの立場で教えてくれるなどの場合は「神様」ですが、わがままや無理難題を押しつけてくる場合は「神様ではない」、と私は思っています。

お詫びの流儀＝「迅速」「傾聴」「誠意」

「クレーム処理・お詫び方法」「リスクマネジメント」等の塾や講座が大盛況であるのはご存知でしょうか。既述のように、すぐに「申し訳ございません」と言わないことです。

「どうされましたでしょうか？」「お怪我はありませんか？」等、先ずは相手のお身体に気づかいをすることです。なぜなら「当方の過失なのか、相手の不注意なのか？」わからない時に謝ると、その後の処理に大きな影響を及ぼしかねないからです。反論は一切せず、「相手に寄り添って、ただひたすら傾聴」すること、「聞く」ではなく「聴く」姿勢が大事です。しばらくすれば相手も冷静になってくるのでそれを待つことです。冷静になれば責任はどちらにあるか判明します。上司に早く報告して上司にお詫びや処理をしてもらうなどの「迅速で誠実な対応」が大事です。もちろん、同じことが発生しないための対策・徹底が大事であることは言うまでもありません。

4「ゆとり世代」の指導方法

皆さんは「ゆとり世代」と彼らの特徴はどこにあるのかご存知でしょうか。この世代は良くも悪くもその特徴がよく語られています。私もその世代の学生を受け持ってきたので関連する本を読んで対応してきました。「ゆとり教育」は２００２年（１９８７年生まれが中学3年生）の時からスタートし２０１０年（１９９５年生まれが中学3年生）の時に終了した小中学校教育で、２０１９年現在24歳から32歳までの人たちです。彼らはそれ以前よりも授業時間が2割、授業内容が3割カットされていました。長所は「のんびり、素直」で、短所は「失敗を恐れる、落ち込みやすい」と言われていますが、全ての人に言えることではありません。学生を担当し私も思い当たるところが多くあり、長所も多くあるのですが、「失敗を恐れる」「対人関係づくりが苦手」等は実感してきました。この世代とどのように付き合ったら良いか、行き着いたのが「ひ・み・こ」指導でした。それは「ひ↓膝つき相談」「み↓認めてあげる」「こ↓声掛けを常に」ということをしてあげると頑張る！　とわかりました。また、マズローの「承認欲求」が高い世代で、良いことをしたら「褒めてあげる」ことでやる気を出す世代でもあります。現在問題の「不適切動画」も同様で、周囲からのウケを狙って「いいね！」という評価を得たい表れであると思います。この特徴を逆手にとって「承認」してあげればイキイキ働くことになります。

指導方法は「ティーチング」よりも「コーチング」

指導方法としては「ティーチング」よりも「コーチング」がベターです。まず、彼らの立場に寄り添って話を聴いてあげ、どうしたいのかを引き出し、背中を押してあげる方法です。一般的な「相談」の場合は、相手の話を聞いた後、「こうしたらよい！」と解決策まで提案しますが、コーチングでは「どうしたらよいと思う?」と、相手から聞き出し、彼らが自主的に結論を出すことを後ろからサポートすることです。そして良いアイディアを考え、良い結果を出したら皆の前で拍手などして「褒めて」あげ、時には「あなたならできる！」と、「暗示」をかけることも大事です。手前味噌で恐縮ですが、このような指導で私のゼミ生は多くの上位大学と競って「観光庁長官賞」や学内では「学長賞」を受賞するなど、私も大変嬉しく思いました。特にゆとり世代は「失敗を大変恐れる」ので、逆に「新入社員時代に多くの失敗を！」と言ってあげることです。上司からの期待・理解も

「部下の動機づけ」を生みます。世代によって指導方法が異なる、これも「この人、この時に、この方法で」というホスピタリティに基づく指導が必要です！

また、指導される側も「打てば響く人」になる努力が大事です。このように相互に成長する関係作りを心がけていけば「相互信頼・成長」につながります。

5 部下を「支援する」サーバントリーダー

リーダーとして、会社が目指すミッション（使命）に向かって部下を邁進させるにはどうしたらよいと思いますか。リーダーが指示するばかりでは部下は動いてくれません。時には「サーバント（奉仕する人）」になり、部下に尽くすことも大事です。「リーダーのために部下がいる」「部下のためにリーダーがいる」という2つを交互に使い分けてリーダーシップをとる、そうすれば「仕事しやすい職場」になり部下はイキイキと働いていくでしょう。そこで「サーバントリーダー」の役割の主な点を以下に記しますので指導の参考にしていただければ幸いです。

1. 部下や周囲の意見・考えをきちんと「聴ける」と同時に「共感」できる。
2. 困っている部下に対して気軽に「声掛け」と「膝つき相談」ができる。
3. 部下の表情・言動に多くの「気づき」ができる。
4. 部下の成長につながる「役割を演じる」ことができる。
5. 時には「部下の気持ち」を上司に提案・諫言できる。

●「これ、私がやっておきます（ました）！」の職場づくり

皆さんの職場は、スタッフ全員がお互いをフォローし合える職場ですか。野球で言えばライトとセンター間のボールをお互いが拾い合えるようになっていますか。このような職場は全員がイキイキと働き、ミスも少ない職場と言えます。もし逆であればリーダーに大きな問題があるかもしれません。リーダーがスタッフに対しホス活ができている職場であれば、全員が自発的に仕事に取り組み「これ、私がします！」「あの仕事、私がやっておきました！」という関係になります。マニュアルどおりのことしかできない職場は、ホス活上最も大事な「心の前傾姿勢」がないかもしれません。「言われたことのみやれば良い」職場ではリピーターづくりは不可能です。お客さま満足につながる仕事は上司に言われるまでもなく、部下の判断で「行動」できる職場づくりが大事です。これが「権限移譲」（エンパワーメント）で、失敗やミスをしたら「私が責任をとるから！」と言えるリーダーはスタッフからの信頼も厚くなります。部下が動いてくれないと嘆く前に、前述の実践と同時に「褒め」たり、周囲に「自分の部下自慢」をしたりすることも大事です！

6　オリエンタルランドの取り組みに学ぶ

同社の「教育プログラム（準社員）」から学ぶべき点は数多くあり、それは様々な教育プログラムによる研修・勤務を経てアルバイトから社員登用への道を開いている点です。

ゆとり世代は親の庇護のもとに育っているため、いきなり厳しい社会（会社）に飛び込んでいくと「自分には向いていない！　他に向いている会社があるのでは？」と考えて離職していく傾向があります。学生が就活を始める時に「自分は何に向いているのか？」と自問しても自己分析できている学生は少ないため、グレードに応じた「ディズニー・ユニバーシティ・プログラム」等は大いに学ぶ価値があります。「キャリアアップのための自己啓発支援制度」「ビジネススキル研修」等、特に「社外体験学習」は、社外環境で自身の仕事をいつもと違った視点から見つめ直し、「気づき」を得るプログラムはホス活上とても大事と思います。会話を学ぶプログラムなど、ステップを踏みながら自己成長が図れるのは、若者を一人前の社会人に育てる格好の教育プログラムと言えます。若者にとっては「夢」があり「キャリア」を磨ける機会提供が大事で、これらの「段階を追ってキャリアを磨ける」のが彼らの心をとらえ、ゲストだけでなくキャストにも「夢」を提供しているのは、さすがオリエンタルランドといえます！

「ファイブスタープログラム」は会社側からキャストに対する「ホス活」！

人は誰でも他人から認められたいという「承認欲求」があり、「あなたの取り組みは素晴らしい！」と言ってもらえれば、「もっと頑張ろう！」というやる気につながります。「素晴らしい対応を行ったキャスト」を称える「ファイブスタープログラム」は、上司がパーク内を巡回し、素晴らしい行動をしているキャストを見かけた際、「今、あなたが行ったホスピタリティはゲストが大変喜んでくれました！」と言ってその行動を称え、その

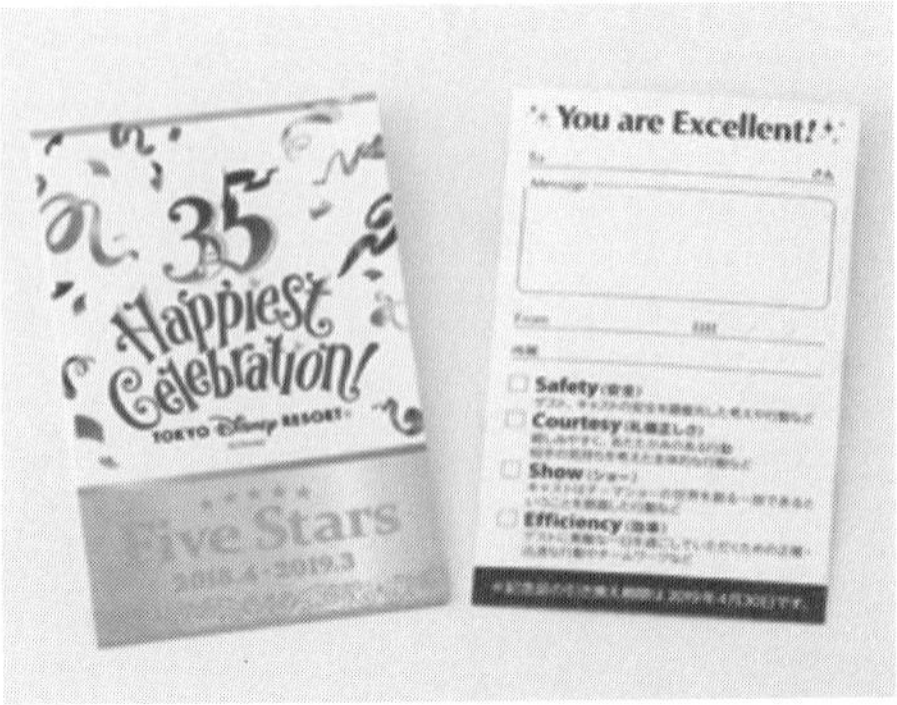

同社提供

場でカードを手渡しします。一生懸命に仕事に取り組むキャストをその場で認めることが、彼らのモチベーション向上につながっています。上司からカードを受け取ったキャストは、その功績を称えるプログラムに参加することができ、キャスト同士だけでなく上司とも良いコミュニケーションが取れ、職場での「働きやすさ、風通しの良さ」などＥＳにつながっています。ＥＳがあってＣＳがあり、逆にＣＳを高めるにはＥＳがなければならない、ということの証しです。まさに会社側からキャストに対する「ホス活」です。

＊同社の行動基準「The Four Keys ～４つの鍵～」は、優先順位をSafety（安全）・Courtesy（礼儀正しさ）・Show（ショー）・Efficiency（効率）と定め、「効率より安全」を重視しています。白いコスチュームを身に着け清掃を行うカストーディアルキャストは、なぜ立ったままで清掃を行っているか、それはキャストとしての役を演じ（ショー）、同時にゲストの安全への配慮からです。

路上にこぼれたジュースを、立ったまま足を使って拭き取っているのは、しゃがんだ状態で拭くと、ゲストが気づかずにぶつかって転んでしまう可能性があるためで、常にゲストの安全（Safety）を優先しています。大事な清掃業務も目的を理解すれば誇りに思ってもらえます。

7 辛い時は誰にもある、それを乗り切ったところに成長がある

あなたは会社を辞めたいと思った経験はありますか。そう思うことは誰しもあるものです。その時にどのように考えるかで自分の将来が決まります。

「自らの不遇を嘆く前に〝置かれたところで咲いてください〟〝咲けない時は根を下へ下へと降ろしましょう〟（『置かれた場所で咲きなさい』ノートルダム清心女子大学名誉学長：渡辺和子氏）

「日が当たる場所があれば日陰もある。昼があれば夜もある。夜が長く続けば窓を開け、月の光を入れて過ごせばいい」（聖路加国際病院名誉院長：日野原重明氏）

人生経験豊富なお二人はこのような励ましの言葉を残してくれています。苦しくて辛い経験をすれば「人に対する思いやり」が身につき、人間的な成長につながる、このことを信じて「大らかな気持ち」で過ごしていきたいものです。

B　経営に求められるホスピタリティ

1　「企業」とは？

「企業」とはどのような意味を持っていると思いますか。この字をじっくり見ると「企＝人を止める」業であると気づきます。入社して間もなくの頃は、企業とは何かの仕事（業）を「企てる」のが目的で、自分の会社は「レジャー施設の提供を企てる」ことによって人々に英気を養ってもらうことが目的である、と自分なりに解釈した記憶があります。

その「人」とは「二人の人」が対象で「顧客と従業員」であり、会社・店舗が「魅力的」でなければ「二人の人を引き止める（留める）こと」は不可能であると思います。まず、顧客に関してはリピーターとして引き止めるには「魅力的な商品・サービス」を提供しなければなりませんし、従業員に関しては離職を止める（留める）には会社・店舗が「魅力的な職場」でなければならないと思います。働き方改革と併せて「企業とは何か？」について、多くの経営者の皆さんには原点に立ち返って考えいただければ「より良い会社への変革」になると思います。それがやがて「企業価値向上」につながっていくことでしょう。

まずは「二人の人（顧客・従業員）へのホス活」の実践を願っています。これらを「おもてなし活用経営（ホスピタリティ・マネジメント）」と私は提唱し、この経営手法は今後増々重要になっていくものと信じています。

企業が追求すべき「新たな価値」創造

企業の役割は人を引き止める（留める）だけではありません。CSR（企業の社会的責任）遂行や世の中のためになる「より良い商品やサービス」の提供なども求められています。私は現役時代にグループ代表として経済同友会に入会しCSRの勉強をしてきました。プラトン（古代ギリシャの哲学者）が唱えた「真善美」の観点から考えてみれば、企業は「真＝知性・合理性」「善＝倫理・道徳性」「美＝品格・尊厳性」が求められ、これからの企業に求められるのは「まず、善である」と私は思っています。「善」のある企業は世間から高い評価を受けることができ、その結果として「美」が認められ、さらに「真」につながって企業が発展していきます。今日までの日本は「真＝経済的効率性」を最優先に突き進んできましたが、これからは「善＝倫理性＝ホスピタリティ」の実践が評価されて「美＝品格」につながってブランドが生み出され、それが「真＝合理性」につながる新循環と思いますが、皆さんはどう思いますか。特に「善・美」は、顧客をはじめとするステークホルダーと共に「相互創造」され、「人や社会へのホスピタリティ」に基づく「CS・ES・社会貢献」等を通じて、真の「豊かさ・幸せ」につながっていくものと思っています。今後は「企業業績や株価」から算出される企業価値ではなく、「顧客・従業員・社会からの評価」に基づく企業価値の高い企業が、社会的評価を受け発展していくと思います。そのためには今までの経営感・方法を根底から見直し、大きなイノベーションが企業に求められることになるでしょう。

2 「Integrity（高潔・真摯・誠実）」とホス活

Ｐ・ドラッカーという著名な学者をご存知の方は多いと思います。現代経営学の基礎を確立した人であり、近年では『もしドラ』の漫画などで高校生の間でも大変人気になりました。経営学やマーケティングを習うと必ずドラッカーに行き当たります。

この方の著書には「顧客の創造」をはじめ「イノベーション」「部分最適より全体最適」等の考え方が書かれています。私が注目したいのは「経営者は常に真摯な姿勢が大事である」ということで、これは「Integrity」という英語で表現されておりホスピタリティに通じるものです。辞書（『研究社　新英和中辞典』他）で調べてみると「Integrity＝高潔、真摯、誠実、清廉　a person of integrity（高潔な人、人格者）」という意味が出てきます。これらの意味を集約すれば「利害や損得を気にせず、立派な考えを持って行動する」「人格が気高く、私利私欲に心を動かされない」「常にきびしい態度で自らを律し、他から尊敬される」ことであることがわかります。ホスピタリティ・マインドを持った人は全てが人格者であるとはいいがたいですが、少なくともその領域を目指して自己研鑽していくことが大事と思います。既説のとおり「おもてなしは自分磨き」です。常にホスピタリティを意識して生活していけば、きっといつか人格が磨かれていくものと確信しております。ホスピタリティ産業従事者だけでなく働く者すべてが「人から見られている」「お天道さまが見ている」と思って生きていけば、良い評価を得られるでしょう。

ホスピタリティと経営

「ノブレス・オブリージュ（高貴な身分の人の義務・役割）」という言葉がありますが、まさにこれは「Integrity」で、特に経営者はこの精神で会社を経営していかなければならないと思います。この精神から逸脱した結果が現在問題になっている某大手自動車会社元会長に関する事件であった気がします。千利休の「お茶」を通じたおもてなしとして、「自分を無にして人に尽くす＝尽義無私」という言葉もありますが、欧州の「奉仕と犠牲」と同様に、日本でも「報恩・陰徳」という「徳を備えた人」が人から尊敬されてきました。このような人が企業のガバナンスに当たらなければならないことを示唆している事件でもあったと思います。P・ドラッカーは「経営管理者がもともと持っていなければならない資質がある。（中略）それは、才能ではなく真摯さである」「部下たちは、無能、無知、頼りなさ、不作法など、ほとんどのことは許す。しかし、真摯さの欠如だけは許さない。真摯さに欠ける者は、いかに知識があり才気があり仕事ができようとも、組織を腐敗させる」（『現代の経営』）という、今回の事件の戒めのような含蓄のあることを述べています。これは経営に当たる人にとって大事な心得と言ってもよいでしょう。経営者のみならず、私たちもこのような人になれるように努力し、常に自分を磨き・高めていきたいものです。

●新一万円札の顔「渋沢栄一」の「論語とそろばん」

2024年に新1万円札が誕生しますが、その顔は渋沢栄一であるのはご存知と思います。同氏は500近い企業の育成にかかわり、「近代日本資本主義の父」と言われ、その考えは「論語とそろばん＝道徳経営」にありました。実業（そろばん）と道徳（論語）が一致していなければ富は永続できないし、論語から人格形成を学び、利益主義一辺倒にならず、バランスをとることが大切であると説きました。経営哲学として「事柄に対し如何にせば道理にかなうかをまず考え、しかしてその道理にかなったやり方をすれば国家社会の利益となるかを考え、さらにかくすれば自己のためにもなるかと考える。もしそれが自己のためにはならぬが、道理にもかない、国家社会をも利益するということなら、余は断然自己を捨てて、道理のあるところに従うつもりである」（『論語と算盤』）と述べています。日本実業界の父が生涯を通じて貫いた経営哲学は、既述の「ノブレス・オブリージュ」という言葉と重なっていることがわかります。「利潤と道徳を調和させる」という、経済人がなすべき道を示した『論語と算盤』は、すべての企業が帰すべき原点でもあります。今後、一万円札を手にしたら「同氏の教え」をそのつどかみ締めていきたいものです。

3 「三方よし」は近江商人の素晴らしいホスピタリティ

近江商人の経営哲学として「売り手よし・買い手よし・世間よし＝三方よし」が広く知

られています。これは、売り手だけでなく売り手と買い手双方がともに満足し、また世間・社会貢献もできるのがよい商売であるという意味です。近江（滋賀県）に本店を置き、全国各地を商圏として活躍した近江商人の心得は、「商売において売り手と買い手が満足するのは当然のこと、社会に貢献できてこそよい商売といえる」（三方よし研究所）という精神です。自らの利益のみを追求することをよしとせず、社会の幸せを願う精神は、現代のCSRにつながるものとして、総合商社の伊藤忠商事をはじめ、多くの企業の経営理念の根幹となっています。私がお世話になった西武グループの創始者・堤康次郎氏も近江出身で、「感謝奉仕」が社是でした。初代の堤康次郎氏が「国民に明日の英気を養ってもらうため」に、箱根・軽井沢等に広大なレジャー施設用地を確保し、その考えを具現化するために2代目の堤義明氏がホテル・ゴルフ場・スキー場など数多くの施設を作って大きく発展させ、3代目に当たる現社長・後藤高志氏が「新しいマネジメント発想と手法」で経営に尽力し大きな成果を出しています。三人に共通することは「地域密着による社会への貢献」という「三方よし」の精神で、素晴らしい経営であると私は誇りに思っています。

●「三方よし」から「五方よし」へ

この「三方よし」に、「従業員よし・取引会社よし」の二つを加えて「五方よし」として経営しているところもあります。私もこれをベースに「ホスピタリティ・マネジメント＝おもてなし活用経営＝顧客満足（CS）＋従業員満足（ES）」を提唱し、企業の幹部・従業員教育や講演をしています。この「おもてなし活用経営」は今後益々重要になっ

五方よし

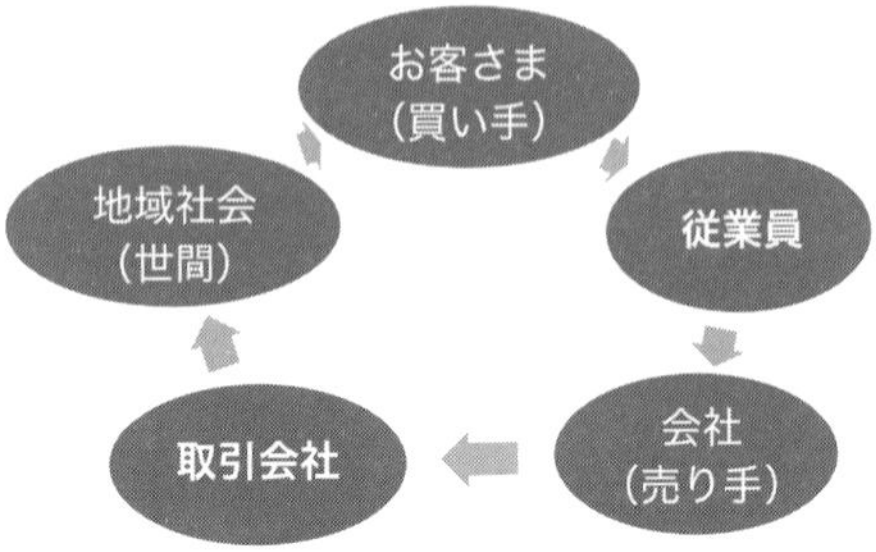

てくると思われます。なぜなら「売り手・買い手・世間よし」の根底にあるのは、それを実現に導く主役が「従業員・取引会社」であり、その人たちの満足がなければなし得ないからです。令和の時代には「和をもって尊しとなす」などの利他の精神こそ益々重要になってくると思われます。

4　これからは「おもてなし活用」経営

企業教育や講演などで「働く目的」の質問をすると、約9割の人が「お金を稼ぐため」という回答をします。これではイヤイヤながらの働きになります。私も12年間人事の仕事をしてきて「お金の為という人に不満が多い」ことに気づきました。お金を稼ぐために働いている人は、自分の「給料と役職」にだけに目が向いて、肝心のお客さまには目が向いていないため、会社への不満が多くなって「お客さま不満足」につながってしまいます。従業員の働く目的・姿勢を「お客さまの満足・幸せづくり」に変えていけば、不満足が満足（E

Ｓ、ＣＳ）に変わり、従業員にとっては「仕事がイキイキ！」し、またお客さまはリピーターになっていきます。また、経営者は従業員の「意欲・能力」を最大限に引き出す役割もあることを忘れないことです。私が企業から講演や教育を依頼されたときに「働く目的」からスタートしている理由はここにあります。それを理解してくれる会社はその後の業績がアップしていきます。無理解や変革を好まない会社の業績向上は難しいですが、意識変革した会社では業績が３割近く上がったところもあり効果を実感しました。教育によって１００人の会社の業績が２割上がれば生産性が２割上がるのと同じで、逆な見方をすれば人手が２割減でも今までの業績をほぼ維持できることになり、「教育」がどれほど重要かお分かりいただけると思います。やはり「企業は人なり」なので、まずは「働く目的」の意識を変えることが大事です！

楽しい姿勢とは？

「お客さまは恋人と思うこと！」と、現役時代に新人社員やセールス担当者教育の際に私は言ってきました。お客さまを恋人だと思えば会うのが自然と楽しみになります。マンネリ化している関係にもきっと新しい発見が生まれるでしょう。「お客さまに幸せに」なっていただく為には「私たちが幸せに」ならなければなりません。私たちが「楽しそうな仕事」をすれば　その気持ちがお客さまに通じていくものです。このような「Ｗｉｎ－Ｗｉｎな関係」づくりが必要であると思いますが、皆さんはどうお考えですか。

●企業の役割＝「〝人の満足・幸せ〟づくり」

私が提唱している「おもてなし活用経営」のポイントは、従業員の「やらされ感」ではなく、仕事への「自発的」な取組みを引き出すことにあります。経営者がいくら号令をかけても従業員が「自ら進んで行動」を起こさなければ「やらされ感」になってしまいます。では、どこをどのように変えていくか、それは、経営者と従業員との「相互のホス活」によって、人（お客さま・従業員・経営者）をお互いに尊重し、1.「人と人とのつながりを大切」にし、三者間の距離を縮めること！　2.「働く目的」を明確にすること！　の2点の徹底を図ることです。企業の役割である「〝人の満足・幸せ〟づくり」ということの再認識をしてもらうことです。そのためには「気づき」が最も大事です。指導方法は既述の「プッシュ型」ではなく、本人に「どうしたら良いと思う？」という「プル型」の気づかせる指導が効果的です。

5 「お客さま・従業員の声」を営業改善に活かす

私は現役時代にお客さまや会社の上司から多くのことを学び、今でも大変感謝しております。当時の会社は成長・拡大期で、1年間に4～5カ所のホテルが開業した時もありました。その多忙のあまり「お客さまと従業員」「経営者・上司と部下」との間に距離がある傾向が見られたことも事実です。会社が大きくなればなるほど、お客さまや他社・社会の動向に無関心の「内向き志向」になることもありました。それらを改善すべく、会社ではお客さまの声を営業に活かすための「お客さまの声連絡会」や、従業員の声を改善に活かす「業務改善提案制度」をはじめ、ホテルの各部門を横串に刺した「委員会制度」等を実施しました。

まず、お客さまの声連絡会では、全社で1カ月間に約6000件もの「お礼」「ご指摘・注意」の声を会議で発表し、それを支配人が各ホテルに持ち帰ってスタッフに伝えて全員で共有し、営業に活かすというナレッジマネジメント（情報共有）を実施しました。業務改善提案制度は、パート社員から幹部社員まで気づいたことをメモにし、業務改善に結びつけていました（改善につながった提案は支配人・社長表彰）。洗い場のパート社員が「食器のチップ防止対策」を提案し全社で約2億円の経費削減につながったケースもありました。また、各ホテル共通の宿泊・セールス・レストラン・調理等の各部門を横串で刺した委員会では、部門ごとにコンテストなどを実施しサービス向上に取り組んでおりました。

様々な反省はありましたがこれらの取り組みが大きな成果につながったことも事実です。これらは現場主義の実践であり、「お客さま・従業員視点」での経営でもありました。

常に現実と将来を見据えての経営

ホテルでのブライダルが最盛期の頃、これからはホテルでの「お別れ会」時代になると考えて商品企画（「感謝の宴」）し、支配人会議で提案したところ8割のホテル責任者に私

「3〜5年先の商品」企画！

1
- 右目で「**ミクロ**」（1〜2年）
- 左目で「**マクロ**」（3〜5年先）！

2
- **不易流行**（変えない＆変える）！

3
- 常に**外的変化対応力**を！

は反対されました。「現在の常識は将来必ず非常識になり、現在の非常識は将来必ず常識になる！」と訴え、思い切って推進した結果、2年後には大きな商品に成長し売り上げに貢献しました。このように「右目でミクロ（現在）」を、「左目でマクロ（将来）」を見て、常に外的変化対応力を忘れずに「不易流行（変えてはならないこと、変えなければならないこと）」の経営が大事と思います。人も企業も保守的な傾向があり、新しいことに挑戦するのは相当のエネルギーが必要ですが、生き残る為にはイノベーションが求められます。

2　ホスピタリティ業界で〝イキイキ〟働く

〜ホテル旅館・航空・ウエディング・レストラン・旅行・テーマパーク・理美容院・医療機関・ショップ等〜

A　働く人の意識改革に有効なホスピタリティ

1　ホスピタリティ産業は宿泊産業だけではなく、とても広い業界

ホスピタリティ産業とはどのような業界？　と聞くと、多くの人は「ホテル旅館などの宿泊産業」と答えますが、それだけではありません。実は左記のように婚礼産業、旅行関連産業、観光余暇関連産業、外食産業、公共的サービス、私的サービス等に分けられ、とても広い産業にわたっています。日本のGDP、就業者数の約7割がサービス産業（第3次産業）ですからお分かりいただけると思います。これらの業界は競争が激しくなっていることもあり、サービス業からホスピタリティ業への質的向上が重要になっています。最近は他店との差異化を図ることでリピーター客をつかみたい、そうしなければ生きていけない、と考える会社・店舗が多くなってきました。歯科医院も競争の時代にあって開業後1〜2年で廃業というところもあります。ドクターが患者とコミュニケーションが十分とれない、あるいはスタッフが親切でないことが原因のようです。理美容院もリピーターをつかむために様々な工夫がなされているようですが、お客さまの要望・気持ちをつかむことができない為に苦戦していると聞きます。これらの業界はお客さまにとり「医院・店舗を変えたくない」という特殊性もあるため、一旦気に入ってもらえれば数年間リピーターになる確率が高い業界なので、サービス業から「ホスピタリティ業への進化」に力を入れ

HOSPITALITY　INDUSTRY

[**Accommodation Industry** : 宿泊産業]
ホテル、旅館、民宿、保養所等

[**Wedding Industry** : 婚礼産業]
ゲストハウス、結婚式場、リゾート婚礼（国内外）等

[**Travel Industry** : 旅行関連産業]
エアーライン、クルーズ客船、旅行会社、
ツアーコンダクター、鉄道、バス、タクシー等

[**Tourism leisure Industry** : 観光余暇関連産業]
テーマパーク、統合型リゾート（IR）、
ショッピングモール、スポーツ施設、美術館等

[**Food Service Industry** : 外食産業]
レストラン、カフェ、ファストフード、居酒屋等

[**Public Service** : 公共的サービス]
医療機関（病院・歯科医院）、老人ホーム、介護施設等

[**Private Service** : 私的サービス]
金融、理容・美容、クリーニング、小売店舗、カーディーラー等

ていくことが大事です。スタッフのホスピタリティ教育は店舗の生き残りにつながります。しかし「経営者がその気に」ならなければ難しいでしょう。いくらスタッフ教育をしても経営者が一緒に勉強していかないと進化は無理です。

今こそ、歯科医院や理美容業界等もサービス業からホスピタリティ業へ「脱皮・進化」していくチャンスです！

● この業界は「人財力」がポイント！

サービス・ホスピタリティ産業は以下の3点の構成要素で成り立っています。この3要素の質が高ければお客さま満足度が高くなりリピーターも多くなって営業成績

も上がっていきますが、逆であれば衰退していくのは明確です。

〈店舗の構成要素〉

ＨＡＲＤ………（建物・設備・店構え）
ＳＯＦＴ………（販売商品・料理・システム・技術）
ＨＵＭＡＮ……（人財・サービス・ホスピタリティ）

いくらハード・ソフトが良くても、そこで働く人のホスピタリティが良くなくては、リピーターは期待できません。ホスピタリティ業界ではこのＨＵＭＡＮが最も大事な商品になります。お金を出せばＨＡＲＤを高めることは可能ですが、「人財育成」については自社施設の方針に基づくものなのでそれ相当の時間・年月がかかります。また接客業としての心得についてもテキスト・マニュアルを読む（読ませる）だけでは身につきません。お客さま満足度を高めるには現場経験者でなければ細かい点の接客指導は難しいでしょう。座学に始まり、そこで学んだことを現場で実践指導（コーチング・ロープレ）し、時には「褒め」ながら「できる」まで根気よく指導していかなければ不可能です。

2 「好感度七原則」

これは接客業が目標としている「接客の心得」で、私も多くのホテルや企業で指導してきました。皆さんもこの「好感度七原則」を身につけたら周囲から「好感度が高い！」と評価されるでしょう。航空業界での客室乗務員（CA：キャビンアテンダント）や宿泊産業界でのスタッフ教育では五原則が通常ですが、私はそれに「NHK＋声掛け」を加え七原則を指導しています。理由はこれらが実行できる人は仕事上だけでなく「日常生活でも好感度の高い人」として評価され、人間関係がグッと好転するからです。その詳細を以下に記しますので、できるところから実行してDO→CANにしていきましょう。

【その1】 第一印象が大切！

〈第一印象を決定づける要素＝メラビアンの法則〉

視覚情報……顔の表情、しぐさ………（　）％
聴覚情報……話し方、声の大きさ……（　）％
言語情報……話の内容…………………（　）％

第一印象を決定づける要素について、「メラビアンの法則」というものがあります。アメリカの心理学者メラビアンは印象に関して実験を行いました。それは、人に会ったときに入ってくる様々な情報のうち、どの要素が大きな印象を与えるかというものです。視覚・聴覚・言語の3カテゴリーに分けたとき、皆さんはそれぞれの（　）内の数字はどれくらいだと思いますか。結果は、視覚情報55％、聴覚情報38％、言語情報7％という結果で、接客上最も大事な点は表情（笑顔）としぐさ（振る舞い）なのです。次に、話し方や声の大きさで、話の内容（言語情報）よりも視覚・聴覚情報のほうが大事であり、話すこと（内容）が得意でなくても、「顔の表情やしぐさ」「話し方や声の大きさ」で好感度を高めることができます。話の内容に自信がない人でも「明るい笑顔・話し方」ができれば、お客さま（相手）に好印象を与えることができます！　現在、あなたが人に与えている印象割合はどうか、（　）内に比率を入れて自分自身をチェックしてみましょう！　視覚情報が5割以上であれば問題ないと思いますが、それ以下の人は努力が必要です。第一印象の5割以上は「外見」がつくるということは驚きです。第一印象は一回しかつくれない、しかもその印象はわずか「6秒」で決まるのです！　第二印象という言葉はなく、それが「一生続く」ということを自覚しましょう。これは仕事も日常も一緒です。

【その2】 挨拶は先手必勝！

子供のころから「あいさつをしなさい！」「近所の人にもきちんと挨拶を！」と、親・先生から言われてきたことでしょう。その時はその意味もわからずに「おはようございます」「こんにちは」と元気よくしていたものが、高学年になるにつれてできなく、ましてや大学生になると全くできなくなる人が多いのは残念です。挨拶の意味を理解していないのも原因の一つです。挨拶の「挨」は気持ちを開く、「拶」は近づくという意味であり、「心の会話」であると理解しましょう。新入社員教育では「（あ）明るく、（い）いつでも、（さ）先に、（つ）続けましょう！」と私は指導しています。また、後輩・部下からの挨拶を待って挨拶を返そうとする先輩・上司がいますが、それは良い先輩・上司ではありません。そのような店舗の繁栄は無理でしょう。挨拶は「先手必勝」と心得て、トイレ・ロッカーで会った時でも、場所に関係なく「気づいた人から積極的に挨拶」をしたいものです。これらができる職場はコミュニケーションが良好になり、離職率も低くなります。

さわやかな笑顔を！

「表情」は、**心の窓**です！
いつでも**「晴れ」**の表情を！
「目で笑える」練習を！

【その3】 さわやかな笑顔を！

挨拶と同時に忘れてはいけないのが笑顔です。笑顔の効果は「相手に親しまれ」「相手の警戒心を解き」ます。さわやかな笑顔の人と出会ったらこちらも気分が明るくなりイキイキとしてきます。逆に笑顔がなく表情の暗い人に会ったら一日が暗くなります。でも、表情が暗いと思われている人の多くは「自分では暗い」と思っていないようです。自分の表情は自分には分からないと思って、鏡やガラスに映る表情をその都度チェックしていけば「笑顔の素敵な人」に必ずなれます。「さわやかな笑顔」ができるように鏡に向かって「ハッピィー！」と口に出して毎朝練習することです。「笑顔」も会った人に対する「おもてなし！」で、親子・夫婦・お客さま・上司部下との間でも大事です。お金がいらず「自分の価値を5割高める」ことのできる笑顔は財産なのです。しかも笑顔で人と会話のできる人は好感度が高い人です。人と交渉ごとがある時、ニコっと笑うと相手が承諾してくれる場合もあります。笑顔は美貌とは無関係で、いくら美人でも笑顔のない人は好かれません。「笑顔美人は心美人！」と心得ましょう。

自分の無愛想は気づかないもの！

自分自身の表情はどうなっているか、他人はどう感じているか、本当にわかっている人は少ないでしょう。それは「自分の目は自分以外に向いている」からです。自分の目を取り出して、その目の玉を自分に向けて「自分の表情を見られる人」はこの世に一人もいません。だから自分の表情を客観的に鏡などでチェックする必要があります。この世で一番わかっていないのが「自分の表情」です！　毎日、どのような表情で人と向き合っているのか、10人に接したら「20の目」で見られているということを自覚しましょう。

私は新人時代にセールス担当として、上司から「毎日最低20社飛び込みを！」と命じられ、来る日も来る日も見知らぬ会社を訪問し商品説明をしてきました。そこで「自分の表情がよければ話を聴いてくれる」けど「無愛想であれば聴いてくれない」と気づき、それ以降「相手の気持ち」をつかむことと「自分の表情」に注意し始めたら成績がグッと上がり、トップセールスマン賞を何回も受賞できました。

【その4】清潔な身だしなみを！

ホスピタリティ業界に従事している人にとって「身だしなみ」はとても大事です。もし、皆さんがホテルにチェックインした時に、フロントスタッフの襟・袖が汚れていたり肩にふけなどがついていたりしたら、「このホテルの部屋の清潔さは大丈夫だろうか？」と疑うでしょう。スタッフの身だしなみはそのホテルの現れであると肝に銘じて「常に鏡でチェック」することはもちろん、スタッフ同士お互いにチェックし合うことです。化粧室に行った時だけでなくガラスに映った自分の姿を常にチェックし、清潔な身だしなみに気をつけましょう。

【その5】美しい言葉づかいを！

言葉づかいはその人の「教養と品格」を表します。学生言葉やコンビニ言葉等でお客さまに応対していたら、その店舗の質が問われます。苦手な人は、きちんとした言葉づかいをしている人の言葉づかいを「真似る」ことです。試験ではカンニングは許されませんが、社会人になったら「仕事のできる人のカンニング」をすることです。外国語の堪能なスタッフがいれば「その人の言語」を真似たら語学が上達します。私は「テレビのアナウンサーの話し方を真似る」ように指導してきました。言葉の「間」の取り方はとても勉強になります。アナウンサーの話し方をよく観察していると、言葉と言葉の間で数秒「口を閉じている」ことに気づきます。前の言葉を言った後にすぐ次の言葉を発したら、聞いている人にとっては言葉が重なって理解しにくいからです。これは前の言葉を理解するのに数秒必要なので、この「間」がなく話すのは「間抜け」と私は思っています。「あの人は間抜け」と言われないように日々訓練したいものです。また、人にお願いしたいときには「恐れ入りますが」「お疲れのところ恐縮ですが」というクッション言葉を使う、そうすれば気持ちが和らぎ協力する姿勢が生まれます。逆に、いきなりお願い事をされたらいやな顔をされるでしょう。これは職場だけでなく日常生活でも実践できるようにしましょう。

【その6】接客は「NHK＋親切心」で！

接客業にとってスタッフの姿勢・動きはとても大事です。まち場の魚屋さんの「へい！いらっしゃい！」という元気な声掛けを聞いたことがあるでしょう。その理由は説明するまでもありませんが「新鮮さ、生きの良さ」を言葉・動きで伝えています。ホスピタリティ業界で働く人にとって「N（ニコニコ）・H（ハキハキ）・K（キモチヨク）」はキーワードです。しかもそれに「親切心」をプラスし、笑顔で出迎え、お見送り時は「とびきりの笑顔でのお見送り」を心がけましょう。それは出迎え以上に「印象が残る」ので、姿が見えなくなるまでお見送りをすれば新規客がリピーターになってくれる可能性は大になります。振る舞いにも気をつけたいもので、特に歩き方はハツラツさが出るように背筋を伸してイキイキと歩くようにしましょう。前かがみの人、背筋が伸びていない人は要注意です。それだけでその店舗の品格が決まってしまいます。モデルウオーク（背筋を伸ばしてかかとから着地）も練習すればできるようになります。

【その7】ハートフルな一声かけを！

お客さまへ「一声かけ」ができるか否かで「好感度の高低」が決まると言っても過言ではありません。通常お見送り時に「ありがとうございました」というのは当然ですが、これでは「ありきたりの店舗」になり、お客さまには良い印象を持ってもらえません。お礼の言葉の後に「暑い毎日ですが、熱中症にお気をつけください」「寒い日が続きますが、お風邪を引きませんように」等の言葉を付け加えれば、お客さまは「気の利いたスタッフ」と思ってお帰りになり、それが「また来たい！」ということにつながります。この店舗は「温かい？　冷たい？」をお客さまは即判断し、それがリピーターになってもらえるか否かを決定づけます。しかもお名前を添えて！　自分にとって嬉しい言葉遣いや動作・姿勢は何か？　を常に考えていけばお客さまの喜びになります。

3　お客さまが「満足・不満に思う」こと

接客業において、お客さまが「不満を覚える」第1位は「スタッフが無愛想」であることで、なんと76％もの人が答えています。皆さんがお店を訪れた時に「いらっしゃいませ！」と店員が笑顔で出迎えてくれれば「このお店は感じが良い」と思うでしょうが、逆であれば「このお店は？」と思ってしまいます。一方「満足する」第1位は「スタッフの挨拶が行き届いている」（62％）ことで、「挨拶や笑顔」が重要です。しかも表情に「笑顔や声の明るさ」がなければロボットと同様です。お客さまの言動に合わせて「臨機応変な対応＝笑顔と提案」ができるのは人間だけです。接客業で働くスタッフはこのことを肝に銘じてＡＩロボットにも負けない「おもてなし」ができるように自分を磨いていく必要があります。挨拶と笑顔は当たり前と考えますが、その当たり前ができていない店舗が多いということです。これも教育がきちんとしていればできるようになりますが、今の若者をはじめとする人には教えなければできないのは悲しいことです。これは仕事上で基本中の基本です。普段できていても気分が乗らない時にはできない人や、感情を仕事に持ち込む人はプロフェッショナルではない！　と心得ましょう。

●お客さまをお迎えする前にしておくべきこと！

「美しい店舗づくり」は必須事項です。自分たちの営業施設は自分たちの手で美しく保ち、お客さまを気持ちよく迎え満足感を高めていく努力が大事です。お客さまの動線に合わせてスタッフが歩いてみて、視線に入るものすべてをチェックすることです。五感（視覚・聴覚・嗅覚・触覚・味覚）を働かせてチェックしていくことです。ゴミがあれば積極的に見つけ拾いましょう。もし、ゴミをそのままにしたらお客さまは二度と来てくれません。テーブルに少しでもホコリが付いていたり傷があったりすれば「清潔感」「気づかい」が問われ、料理のイメージや店舗運営の姿勢にもつながっていきます。クリーンネスはホスピタリティ業には最も大事で必要最低限の心得です。

4　働くことの目的を変えればイキイキ働ける

「皆さんは何の為にホテルで働いていますか？」これは私が講演や教育で最初に投げかける質問です。「お金を稼ぐために」「妻子を養うために」「趣味を充実させるために」等の答えが多く返ってきます。これらの答えは「目的」ではありません！　それはもっともっと大事な点にあります。この世で「人の為にならない会社」は存在しないはずで、どんな会社も人が生きていくうえで「必要な商品やサービス」を生産・提供するために存在しているのです。その商品やサービスを買ってくれる人をお客さまと考えれば、会社は「お客さまの幸せ・満足づくり」のために存在し、その目的を遂行するために私たちは働いていることになります。また、この世に誕生した以上は、「自分の人生の夢・目標を実現する」「充実の人生を送る」等の目的もあるはずです。では、働く目的とは何かを一緒に考えてみましょう。

A.「やらされ仕事」→不満が大になります！
B.「より高い対価・給料を求めたい」→やりがいはないでしょう！
C.「目的を理解しての仕事」→やりがいを感じながらイキイキした仕事ができます！

ご両親は皆さんが「お金を稼ぐため」に生んだのでしょうか？　皆さんもそのために生きているのでしょうか？　違うと思います。それは結果であって、目的ではないはずです。長い職業人生を「お金」だけで過ごすのは侘びしいし、空しいことです。お客さまに尽

「三人のホテリエ」

「あなたは何をしているのですか？」

A.「私はフロント係を担当しています。
単純作業でつまらないのですが……」

B.「私は**お金を稼いで**います。
働かないと食べていけないからです。」

C.「私は今日、どのようなお客さまと会えるのか、
楽しみながら接客をしています。
どうしたらお客さまの笑顔を引き出せるか工夫しながら仕事をしています！」

くせば、お金＝給料は確実に付いてくるものと考えたらイキイキ働けます。そうすれば上司をはじめ周囲の人からそれ相当の評価が得られ、結果としてそれ相当の報酬が得られます。ニンジン（報酬）は前にあるものではなく「後にあるもの！」と、考え方をチェンジすることです！　今までの働く姿勢が「やらされ仕事」「給料を稼ぐための仕事」であった人は、「つまらなそうな姿勢」がお客さまに伝わり、顧客満足につながりません。その結果上司からの評価も低くなって報酬も上がらないでしょう。このダウンスパイラルを、「お客さまに尽くす」→「好評価」→「報酬アップ」というアップスパイラルに切り替えるのです！　ホスピタリティ業界に限らず、この世で働く人にとっての「働く目的」は次の2点にあると考えましょう。

1.「お客さまの幸せづくり」のため！
2.「私たちの人生の充実」のため！

そうなれば「働く姿勢」が大きく変わってきます。この世に生まれてきた以上は「イキイキと楽しい姿勢」で働くことです！

5 働く目的が「お金を稼ぐこと」という従業員が多い会社は発展しない？

報酬は「目的ではなく結果」であるとお分かりいただけたと思います。自分自身の満足を目的にしているからこそ給料・役職に不満を持つのです。このような従業員が多い会社は発展もなければ顧客満足もなく、やがて並の会社になるか衰退していくでしょう。

逆に「お客さまの満足・幸せづくり」「自分が学んできた知識・技術を生かすため」という回答が多い会社はぐんぐん発展していきます。当初、従業員が理解できていなかったのに理解できていくに従い、働く姿勢が変わって業績も上向いていくのは不思議です。でも不思議ではなく当然のことなのです！

「ENJOY&HAPPY」の姿勢で働く

私は依頼されたホテルや企業の従業員教育時に「ENJOY & HAPPY」をテーマに掲げ、従業員が自分の仕事に「楽しみ」を見出すことができれば、それが「自分とお客さま双方の幸せと満足」につながる、と指導しています。多くの従業員がこれらのことを理解し、考え方を変えて仕事に当たれば「まだ族」はいなくなり、「もう族」が多くなって会社業績は必ず向上していきます。「まだ族？」「もう族？」という言葉は何だと思いま

「ENJOY & HAPPY」姿勢！

○○ホテル　☆　**ENJOY & HAPPY**

ENJOY＝楽しむ　　HAPPY ＝幸せ

☆Win（自分）- Win（お客さま）☆　**楽・幸・満**

自らの仕事に「**楽しみ**」を見出すこと、それが

お客さま＆自分自身の「**幸せ**」と「**満足**」に！

すか。これも私が勝手に造った言葉で、その意味は次のとおりです。

例えば、会社の就業時間が9時～18時としたときに、仕事に一生懸命に取り組んできて自分の腕時計を見て「もう午後5時なんだ！」と思える人は「もう族」で、「まだ5時か……」と嘆く人は「まだ族」です。「まだ族」から「もう族」に変われば仕事が楽しく・イキイキと変化していくことを約束します。誰だって仕事を楽しくしたい、イキイキ働きたいと思っているはずです。まさに「考え方が変われば行動が変わり、習慣が変わり、運命が変わる！」のです。

●給料をいただきながら「人間磨きができる場」！

私はホテルや旅館に宿泊した時や飛行機に乗った時「お仕事は楽しいですか？」「辛い時はどんな時ですか？」など、スタッフや客室乗務員（CA）によく聞きます。皆さんからは「お

客さまとお話ができて楽しい」「喜んでくれると私もうれしい」などの答えが返ってきます。特に若い女性スタッフには「仕事場はとても良い花嫁修業になりますよ！　しかも授業料を払わないで済むし、逆にお金をいただけるのだからラッキーです！」とお話してあげると、「そ、そうなのですね！　わかりませんでした！」と急に笑顔になると私も嬉しい気持ちになります。好感度を高めることも、言葉遣いも、相手の気持ちをつかむことも、躾も学べるのです！　しかし、多くのホスピタリティ業界ではこのようなことが教えられていないかもしれません。もし教えられていれば多少の辛さはあっても離職は少なくなるでしょう。

若い女性にとっての花嫁修業については「お金をもらいながら勉強できる」と発想を変えれば、とてもラッキーな職場なのです！　どんな職業でも「自分の選んだ職業にプライドを持つこと」です。そのようなプライドがプロフェッショナルにつながっていき、イキイキ働いている姿は誰の目にも「光輝いて」見えるものです。

●時には「清濁併せ呑む」ことも必要！

高潔な生き方は大事ですが、人は常に「清く正しく美しく」生きていくことができないのも事実です。「地の穢（けが）れたるは、多く物を生じ、水の清めるは、常に魚無し」（菜根譚）＝汚く見える土には栄養がたっぷりあり、きれいすぎる水には魚がすめない、の謂れのように、時にはそこから避けることなく「短所にも長所が潜んでいる」と思って過ごしていく、「清濁併せ呑む」ことも必要であると思います。

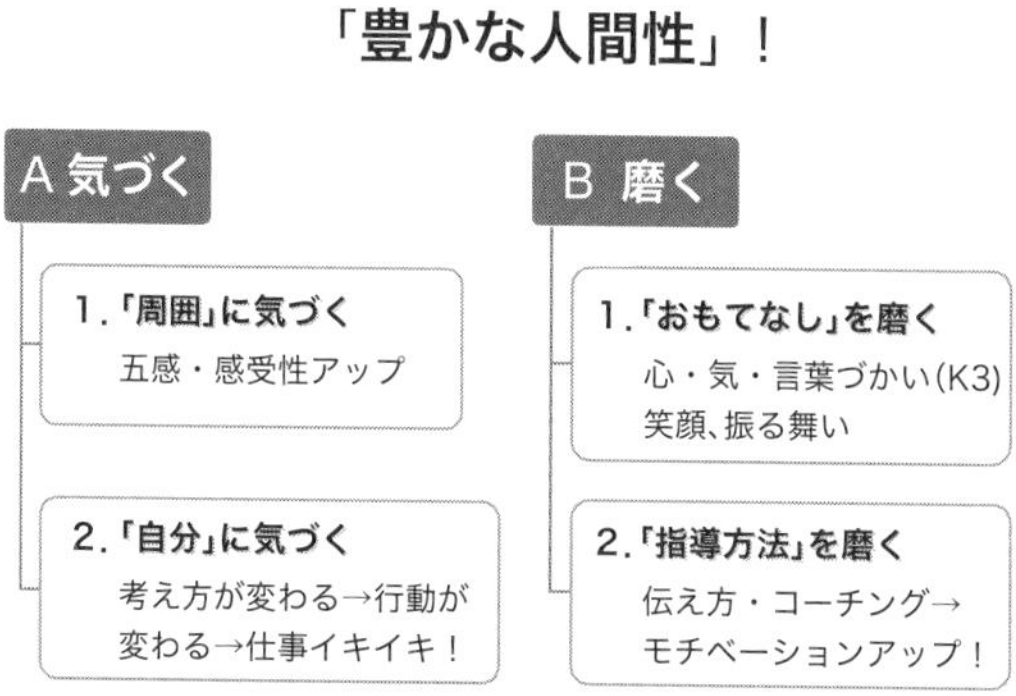

6 おもてなしに必要な「豊かな人間性」づくり

「おもてなしは人間磨き」ということは既述のとおりですが、人に心地よい印象を持ってもらうには、まず自分を磨くことの努力が大事です。ただ単に「笑顔・振舞い」について型だけを教え込んでもそれがなかなか実行に移せないのは「心からの理解」ができていないからです。いくら経営者や上司が「君たちはサービスを提供して給料をもらっているのだから、きちんとしたサービスを！」と言っても10人中2〜3人しかできないでしょう。また、その型を教え込むための「マナー講座」にいくらお金をかけても難しく、型だけでなく「心を浸透させる」ことが必要です。既述のとおり、日本の老舗化粧品会社のビューティーコンサルタントのトップである皆さんを対象に「おもてなし塾」と称して教育を担当し、「EMOTION（感動）＆DELIGHT（喜び）」、「豊かな人間性」づくり等をポイントに指導させていただきました。

〈気づく〉

1.「周囲」に気づく↓花鳥風月を愛でる↓五感・感受性がアップ！

2.「自分」に気づく↓考え方が変わる↓行動が変わる↓仕事イキイキに！

〈磨く〉

1.「おもてなし」を磨く↓心・気・言葉づかい（K3）↓笑顔、振る舞いが美しく！

2.「指導方法」を磨く↓伝え方・コーチングを磨く↓モチベーションアップに！

「おもてなし塾」勉強会に一生懸命に取り組んでいただき、ここで学んだスペシャリストの皆さんが現在は国内外の指導者として世界中を飛び回って活躍されているようで私も大変嬉しく思っています。これは「おもてなし磨き＝自分磨き」であり、人へのおもてなし提供には「気づきによる自分磨き」が大事であるという証明でもあります。

コラム

「ホスピタリティ力向上のための気づきスタディ」

ホスピタリティを施すには、まず「気づき」が大事であると説明してきました。どれだけ気づけるのか、その気づきを高める教育について私が人事時代にしたことを紹介します。「おもてなし」＝「しつらえ」という観点から、本社女子社員のホテルでのテーブルマナー研修後に客室で以下のテストと指導を実施しました。

〈方法〉

客室に10カ所の不備な点をあらかじめセットしておく（絵・椅子・タオル・デスク上パンフの曲がり、備品セットの不備、カーテン開け具合、鏡・バスタブの水滴、パウダールームの毛髪、ランプシェードのホコリ等）。気づいた点をメモに記入してもらう。5分間で何点気づけるか？　この実験で分かったことは、「気づける能力と学力とは無関係」であることでした。この実験は新入社員を対象にしましたが、気づける人は仕事ができるということがよくわかりました。この訓練を続けていけば、ホテル勤務者だけでなくホスピタリティ業界などで働く人にとっては気づくスキルアップにつながります。

B　経営に求められるホスピタリティ

1　「ES→CS→業績向上」の関係

顧客満足（CS）と従業員満足（ES）には大きな関連性があります。従業員が笑顔やイキイキとした姿勢でお客さまに接していけば、お客さまは好感を持ち満足感は増していきます。お客さま満足が高まれば、おみやげ購入をはじめ消費額も高く（満足客は平均消費額の23％アップという調査結果）なっていきます。それが売り上げアップにつながり、

「ES→CS→業績向上」の関係

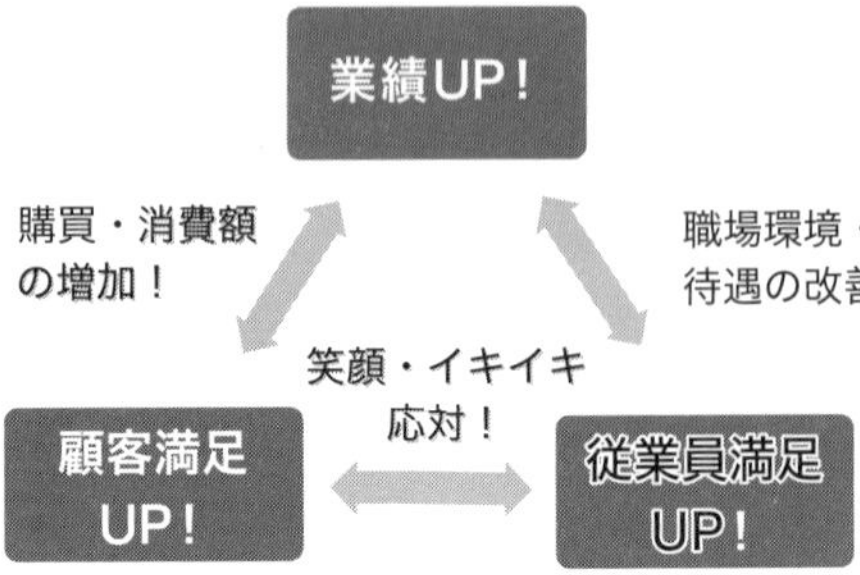

やがて従業員の待遇改善になっていきます。このような好循環の「アップスパイラル」の場合と、逆の「ダウンスパイラル」の場合があります。従業員のモチベーションが低い店舗は、笑顔・挨拶もなく、お客さま満足は低下し、売上額が減少するのは眼に見えています。その結果、営業もダウンスパイラルに陥ります。スタートは「従業員の笑顔・イキイキ接客」があるかないかで運命が決まるのです！　**好感度接客の道は従業員の「働く目的の十分な理解」と「職場環境の整備」**です。その改善は給料だけでなく、従業員の働き甲斐や上司と部下との「良好なコミュニケーション」をはじめ、経営者や幹部の「思考習慣改革」が重要です。トップや幹部の考え方が古いと、若い従業員とのギャップが生じ、「うちのトップや幹部が変わらない限り未来はない」と思って、高い離職率につながります。まずはどこに原因があるのか第三者による客観的な分析からスタートしていく必要があります。

組織は「トップアップ」型に！

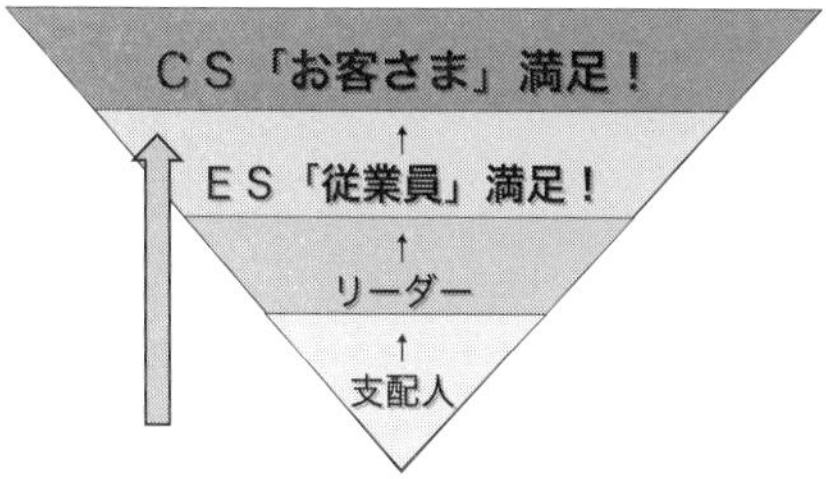

2 「トップダウン組織」から「トップアップ組織」への脱皮

「社長のお客さまは従業員」といえば奇異に感じられますが、これからの会社は「会社幹部が従業員におもてなし」ができなければ持続的な経営は難しいと私は思っています。若い従業員の意識だけでなく社会全体がそのような方向で進んでいるからです。その一つに、今までは「トップダウン」の組織で良かったものが、今後は「トップアップ」の組織が求められます。従来はトップの考えや指示を下へ命令して仕事を進めて行けば良かったものが、今後は従業員を下から「支えて」いくように変わることです。社長は中間管理職が働きやすい環境を創り、中間管理職はスタッフが働きやすい環境創りとアドバイスをしていく必要があります。だからといって全てトップアップではなく、重要な方針や指示はトップダウンが必要です。今後、ＡＩ（人工知能）時代を迎え、会社の中間管理職の生きる道はますます不透明な役割になります。今まではトップの指示や考えを部下に「伝えて」いればよかったものが、「スタッフの働きやすい環境創りとモチベーションを高めること！」が大きな役割に変化します。言い換えれば「ホスピタリティ力の低い」中間管理職は生き残れなくなるでしょう。

3　「五方よし」の実践

インバウンド増加によって全国各地に多くの宿泊施設が誕生してきました。この経済活動は当然な動きですが、単に稼ぐ・儲けるということが目的の宿泊施設はやがて経営が苦しくなるでしょう。私は2018年に海外に9回（66日）、国内に14回（69日）出かけ、国内だけでホテル旅館に約50泊お世話になりました。そこで気づいたことは老舗の宿泊施設では「おもてなし」の受け入れに比較的満足しましたが、最近開業したところでは多くの疑問が残りました。特に、他産業から進出された宿泊施設は、残念ながら「サービス・ホスピタリティ業の在り方」についての理解が乏しいように思いました。一口に言えば「ビジネスライク営業」で、単にベッドと食事を提供していればよい、という姿勢が多く見受けられたからです。昔から「仏作って魂入れず」という諺のとおり、「おもてなしの心」の教育指導をきちんとしないと、五輪後の競争には生き残れなくなるでしょう。そのためには「サービス・ホスピタリティ業」の在り方、また地域社会（取引会社含む）との連携・協力等に広く目を向け「ホテルゲスト満足」だけでなく「従業員・地域社会満足」にも力を注いでいく必要があり、ホテル旅館の「開業時の評価」がその後の評価につながっていくことを経営者は認識することが大事です。

C　ホスピタリティ業界の代表的施設の取り組み事例から学ぶ

1　ザ・リッツ・カールトン・ホテルの事例

120年の長い歴史を持ち、世界30カ国以上に約100のホテルを所有し、優れた功績とクオリティ向上を果たした企業に授与される「マルコム・ボルドリッジ国家品質賞」（米国）を世界で唯一、二度も受賞したザ・リッツ・カールトン・ホテルは、今や世界ナンバーワンホテルと言っても過言ではないでしょう。それはCSだけでなくESのための「クレド」、お客さまと地域コミュニティへのサービスを追求する確固たる姿勢等、学ぶべき数多くの点があります。ホスピタリティ業界のゴールドスタンダードであり続けるこのホテルの素晴らしい取り組みを学べば、皆さんの会社・店舗にとってもサービス業からワンランク上の施設に変身できると信じています。

●「ゴールドスタンダード」

同ホテルの至高のサービス精神が詰まり価値観と理念を集結させた「ゴールドスタンダ

ード」には、「クレド」「モットー」「サービスの3ステップ」「サービス・バリューズ」「第6のダイヤモンド」「従業員との約束」から成っています。全ての従業員は、これらすべてが書かれた「クレド」を常に携帯し、これらが「心に響くストーリー＝伝説」づくりの源泉になっているのは驚きで、しかも見習うべきことが数多く記載されています。ここでは「クレド」「モットー」「サービスの3ステップ」について紹介します。これらのことが実践できることこそ世界でトップクラスのホテルと評価される所以であるとお分かりいただけると思います。

●全従業員は常に「クレド」を身につけています

【クレド　Credo】

クレド（ラテン語）は「志」「信条」「約束」等を意味し、マネジメントにおいては「経営理念」を表します。

【モットー】

“We are Ladies and Gentlemen Serving Ladies and Gentlemen.”

これは「紳士淑女をおもてなしする私たちもまた紳士淑女です」という意味で、わかりやすく言えば「私たちのホテルには世界から紳士淑女がお見えになります、だから私たちも紳士淑女の身だしなみや振舞いで接客しなければなりません」ということになります。

この言葉は、すべてのスタッフが「常に最高レベルのサービスをゲストに提供する」とい

"We Are Ladies and Gentlemen Serving Ladies and Gentlemen"

THE RITZ-CARLTON®

クレド

リッツ・カールトン・ホテルは
お客様への心のこもったおもてなしと
快適さを提供することを
もっとも大切な使命とこころえています。

私たちは、お客様に心あたたまる、くつろいだ
そして洗練された雰囲気を
常にお楽しみいただくために
最高のパーソナル・サービスと施設を
提供することをお約束します。

リッツ・カールトンでお客様が経験されるもの、
それは、感覚を満たすここちよさ、
満ち足りた幸福感
そしてお客様が言葉にされない
願望やニーズをも先読みしておこたえする
サービスの心です。

う同ホテルの姿勢が最も表れている標語でもあります。

【サービスの3ステップ】

a. あたたかい、心からのごあいさつを。
b. お客さまをお名前でお呼びします。一人一人のお客さまのニーズを先読みし、おこたえします。
c. 感じのよいお見送りを。さようならのごあいさつは心をこめて。お客さまのお名前をそえます。

「お客さまのお名前をそえます」と記されていますが、一つ一つの言葉にはホスピタリティ業にとって大切な言動が読みとれます。特に、お客さまが「お客さま！」ではなく、「河野さま！」と呼ばれれば「私のことを大事に扱ってくれている」と感じるからです。今年4月にクアラルンプールの同ホテルに滞在中、私の部屋にお祝いのデコレ

ーションが施されていて感動しました！　チェックイン時に預けたパスポートから誕生日に気づき、このような「おもてなし」をしてくれたのでしょう。しかも通常のケーキ・飲み物・メッセージだけでなく「バスタオルでつくったケーキや動物」をバラの花びらで飾ってくれ、旅のよい想い出と共に再度宿泊したい気持ちになりました！

2　帝国ホテルの「おもてなし」と「細部にわたる」心づかい

帝国ホテルは日本を代表するホテルで、今日まで世界の賓客を数多く受け入れてきました。1890年に海外からの賓客を迎え入れる「日本の迎賓館」として東京・日比谷に開業し130年近くが経ちました。今でもその洗練されたホスピタリティは他のホテルの模範となっています。特に伝統的な「ホテル十則」から学ぶものが多いと思いますので参考にしたいと思います（「帝国ホテル百年史」より引用）。

コラム

「吉江潤氏のキャリアアップに学ぶ」

吉江氏はプリンスホテルに入社し、入社試験から新入社員として、私が人事時代に採用と教育を担当させていただきました。全国のホテル・旅館・ゴルフ場・プール・スキー場等の第一線の仕事を経験後、赤坂プリンスホテルで活躍。その後、パークハイアット東京、グランドハイアット東京、マンダリンオリエンタル東京、ザ・リッツカールトン東京（副総支配人）・沖縄（総支配人）等で開業プロジェクトと運営に従事し成功を収め、業界の第一人者でもあります。同氏は現在、ハワイを代表するラグジュアリーホテル「Halekulani」が日本へ初進出し、「ハレクラニ沖縄」（2019年7月開業）の総支配人として活躍中です。同ホテルは三井不動産所有の「ラグジュアリーリゾートホテル」で、全長約1.7㎞にわたる海岸線に接し（360室全てがオーシャンビュー）、窓の外にはエメラルドグリーンに輝く海と白砂のビーチが絵画のように広がり、日本はもとより世界から多くの富裕層がリゾートライフを楽しまれるホテルとして大きな期待が寄せられています。同氏の益々の活躍を期待するとともに、彼のキャリアアップの姿勢は数多くのホテリエにとっての模範になることでしょう。常に夢を持ちその実現に努力を惜しまない彼のような人財がホスピタリティ業界に数多く誕生することを心より願っております。

【ホテル十則】

親切、丁寧、迅速　この三者は古くて新しい私共のモットーであります。

協同　各従業員は所属係の一員であると同時にホテル全体の一員であります。和衷、協同もって完全なるサービスに専念してください。

礼儀　礼儀は心の現われ、ホテルの品位です。お客様にはもとより、お互い礼儀正しくしてください。

保健　各自衛生を守り健康増進に努めてください。

清潔　ホテルの生命であります。館内は勿論、自己身辺の清浄に心がけてください。

節約　一枚の紙といえども粗略にしてはなりません。私用に供することは絶対に禁じてください。

研究　各自受持の仕事は勿論、お客様の趣味、嗜好まで研究してください。

記憶　お客様のお顔とお名前を努めて速やかに覚えてください。

敬愼　お客様の面前でひそひそ話や、くすくす笑いをしたり、身装を凝視することは愼んでください。

感謝　いつも「ありがとうございます」という感謝の言葉を忘れないでください。

初代本館

ライト館

帝国ホテルから提供

アンダーラインは私が付けたものですが、これはまさに「おもてなし」の原点です。開業時から同ホテルが大切にしてきた伝統的なホスピタリティであり、同ホテルには「エレベーター内の一輪の生バラの飾り」や「ドアマンの両替用の紙幣は全て新札」等の他に、数多くの「心づかい」がありと枚挙にいとまがありません。また、1999年にスタートした「さすが帝国ホテル推進活動」は、全社員が常に携帯しているカードに「行動基準〜さすが帝国ホテルといわれるために〜」と「9つの実行テーマ」が記載され、これを同ホテルスタッフの「基本姿勢」として常にサービス向上に取り組んでいます。

【9つの実行テーマ】
「挨拶」「清潔」「身だしなみ」「感謝」「気配り」「謙虚」「知識」「創意」「挑戦」

マリリン・モンローをはじめチャールズ・チャップリン、ベーブ・ルース、ヘレン・ケラー等、世界に名だたる有名人が宿泊されていることでも有名なホテルでもあります。その裏には様々なホスピタリティが潜んでいます。まず、ホテルゲストを最初に迎えるドアマンのポケットには、五千円札1枚と千円札5枚の新札が入っていて、タクシーで来館したゲストが1万円札しか持ち合わせていない時に、いつでも両替できるようにと用意しています。

また、ベルマン（ガール）のポケットには救命用のマウスピースが入っていて、一刻を争う事態が起きた場合に救急車を呼ぶだけではなく、迅速な応急処置が行えるように万が一に備えているとのことです。また、ドアマンの白手袋は30分に1回の割合で交換するなど、これらの素晴らしいホスピタリティは上からの指示ではなく、ゲストのためにスタッフが職場で考えた「自発的なおもてなし」であることには驚かされます。

●東日本大震災時の帰宅難民者ケア

2011年3月の東北大震災時に多くの帰宅困難者が出て東京も大混乱しました。その時に行き場をなくした約2000人の人々のためにロビーや宴会場を開放し、毛布・ペットボトル・保存食などを無料で提供したのが同ホテルでした。それは「顧客の命を預かる」という使命感を行動に移した結果なのでしょう。同ホテルのおもてなしは「当たり前のことをすること」（犬丸一郎氏）の意味がよく理解できます。しかし、当たり前のことを当たり前に実行することはなかなかできないことです。1923年9月1日に「ライト館」の開業日に関東大震災が発生、この時に開業披露で用意した料理の一部を日比谷公園に逃れてきた避難民におにぎりなどをふるまったとのエピソードもあります。このような

素晴らしいホスピタリティ・マインドの伝統が今回の大震災時対応に受け継がれてきた結果と私は思います。同時期に東京ディズニーリゾートの対応も世間から絶賛を浴びたように、「緊急時の適切な対応」如何が一流か否かの評価の分かれ目になります。しかしこのような対応は一朝一夕ではできないため、日ごろの教育訓練や経験が大事であるということでもあります。「伝統は革新とともにある」という同ホテルの信条がここにも生きているのでしょう。これらの受け継がれたホスピタリティは私たちも学びたいことです。

●高齢者への「おもてなし」と、笑顔でのレセプション

アメニティもさることながら客室も「高齢者向けの配慮」が施されていて、「さすが帝国ホテル」という感じで、とても使いやすく快適に過ごせました。その配慮とは洗面室とバスルームに椅子が設置してあることです。近頃、地方のビジネスホテルにもエレベーター内に椅子を設置してあるところがありますが、長時間使用する洗面室や、特にバスルームでの設置は驚きで、今後ますます喜ばれることでしょう。これも高齢者ゲストに対する「心づかい」と言えます。最近多く

のホテルではチェックイン時にパソコンで予約状況を確認するために下を向いたまま、お客さまの顔を見ずに会話していてはお客さまには気分よくありませんが、同ホテルでは笑顔でお迎えし、しかもブラインドタッチでパソコンを操作し、終始お客さまの顔を見ながら笑顔で応対していたのには驚きでした。たとえブラインドタッチができなくても、まず笑顔で会話し必要に応じてパソコンに目をやる配慮が大事です。

3 石川県・和倉温泉「加賀屋」のおもてなし

「プロが選ぶ日本のホテル・旅館100選」で連続36年間にわたり1位を獲得した日本を代表する旅館「加賀屋」（和倉温泉）の「おもてなし」について、何が魅力なのか？ 一緒に考えてみたいと思います。それは「お客さま満足を第一に考えて行動した故先代の女将小田孝氏の信条」から生まれ、「笑顔と気働き」を基本とした客室係のサービスです。今では高級旅館などで見られる「女将によるお部屋回りの挨拶」は加賀屋で生まれました。お客さまに「ありません」「できません」「わかりません」というノーとは言わないサービスに徹してきたことでも有名です。実際にお風呂場の表示も「浴槽に入る前には、温泉効能を楽しむために、体を良く洗ってからお入りください」と、ダメということではなくお客さまの立場で丁寧に書いてありました。その加賀屋の「おもてなし」は次のとおりです。

●「何気ない会話」から様々なおもてなしを実践！

加賀屋のモットーは
笑顔で気働き
地域とともに
社会にとって価値ある事業を創造したい
加賀屋グループは
人々のための「明日への活力注入業」を
目指しています

加賀屋から提供

◆おもてなしのコツは、笑顔と宿泊客の思いに寄り添う「気働き」。
◆誕生日などのお客さまには贈り物や、配偶者のご命日などには「陰膳」を用意してあげている。
◆従業員教育に力を入れている（入社後3カ月間は座学や現場研修）。
◆「マニュアルどおりは50％、観察力が大事」という教えが徹底している。

●加賀屋の流儀は「笑顔で気働き」

「百聞は一見にしかず」の諺どおり、実際に体験しなければ理解できないと思い、このたび妻と一緒に利用させていただきました。せっかくですので「女将（小田真弓氏）へインタビュー」を事前に申し込み、様々なご苦労話をお聞きしてきましたので、その「素晴らしい取り組み」の一端をご紹介いたします。

Q.「おもてなし」の原点はどこにあったのでしょうか？
――主人の母（義母）から様々な「人への気づかい

（気働き）」を教えていただきました。結婚後最初の里帰り（東京）から帰宅しようとした日は大雪が降り、金沢から七尾まで通常は1時間半ほどで到着できるところ、その日は10時間近くもかかってしまいました。そのころは電話も通じなくやっとの思いでホテルに到着したとき、毛布に包《くる》まって待ってくれていた人がいて、それが母であったのです。こんなにも私を思って、寒い中毛布に包まって待ってくれていることに私は感動いたしました！　これこそ「人への気働き・思いやり」だと学び、それを全ての人に施していこうと決心したのです。

Q.「お客さま第一」というお考えのベースはどのようなことでしょうか？

――私は「母とお客さまの教え」を基に育ち接客をしてまいりました。お客さまからの教えはお叱りからが多く、あるときにお出しした「お絞り」に汚れがあり、「こんなお絞りをなぜ出す！」と強い口調でお叱りをいただき、そのお絞りを投げつけられました。二度とこのようなことがあってはならないと戒め、それ以降は全てに「細心の注意」を払う努力をしてまいりました。

Q.　加賀屋の「気働き」とはどのようなことでしょうか？

――「おもてなし」は、「何でもしてあげる」ことと「でしゃばらない」ことのバランスが大事です。それは人によって求める気づかいが異なるからです。お客さまの表情や動きを拝察して、その場・その人に合った「さりげないおもてなし」が大事と思います。

2019・4　加賀屋にて

Q. CSだけでなくESへの気づかいはどのようにされていますか？

――子供を持つ従業員に安心して働いてもらえるよう「カンガルーハウス＊（保育園）」を１９８６年に併設しました。また、従業員の顔色や動きなども日常観察し、元気のなさそうな人には声をかけて悩みを聴いてあげています。過去に退職した人と街中で出会ったときには声をかけ、可能であれば再就職の声かけもしてあげています。

＊カンガルーハウス

このような施設に子供を預けることができるため、親御さんとしては安心して働けているようです。その安心感が「イキイキ働ける」環境づくりになり、その結果「顧客満足」につながる、という企業好業績への連鎖になっています。今後、人手不足時代の中にあって離職率を少なくしイキイキ働ける環境づくりがますます重要になってくるでしょう。

女将のお話を伺って「心から人を思い、大事にする気持ち」が満ち溢れていると思いました。その精神が全従業員に染み渡り「加賀屋のおもてなし」をつくりあげていることがよく理解できました。そうでなければ40年間近くも1位を続けることは不可能でしょう。追われる立場として、言葉では言い表せないほどの「陰での努力奮闘」がなければ成就できないもの、と心より評価したいと思いました。チェックアウト時に若女将からご丁寧なお見送りのご挨拶をいただき、今後も加賀屋の「おもてなし」が代々受け継がれることを願いながら同ホテルを後にしました。

4 宿泊産業の「人手不足・社会的不安倒産」サバイバル時代へ

「全国の旅館、2017年度決算で36%が経常赤字 売却先探しに課題」という記事が日経新聞に掲載されていました。業績は堅調でも後継者・人手不足に悩む旅館もあり、地銀などが投資先候補をファンドに持ち込むケースも多く、観光客をひき付ける観光地としての魅力と将来性にも大きな問題があるようです。現在、インバウンドや東京五輪に向けて宿泊建設ラッシュですが、五輪後にはホテル旅館の厳しい淘汰が進んでいくと私は大変危惧しています。観光事業は「平和産業」で、ひとたび社会的不安（テロ・感染症等）が発生したとき、一番先に大きな影響を受けるのは宿泊産業です。2003年のSARS（重症急性呼吸器症候群）時には多くのホテル旅館が低稼働を強いられ倒産・廃業という事態になったことを新規参入のホテルはご存知ないかもしれません。外国人客はおろか日本人客も一気に減少し苦しい時代が数年続きました。このときに日本人のリピーターを持って

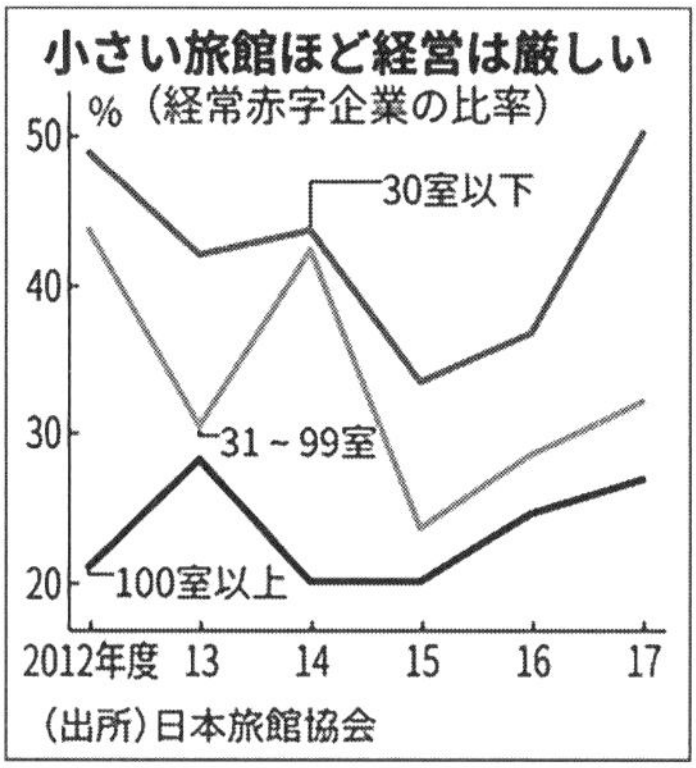

2019・1・24　日経新聞から引用

いた施設などが生き延びることができました。いざという時に頼りになるのはリピーターであると痛感したのもこの時でした。

私は大学で「リゾートの魅力」についての授業を担当し、週刊ダイヤモンド誌などからも取材を受けてきましたが、「観光地とリゾート地」の違いについて有識者も理解していないことに気づきました。「観光地はsightseeing（景色などを楽しむ）」で、「リゾート地はresort（繰り返し行くところ）」です。多くの観光関係者は「リゾートは海や山など地方にある場所」と理解していますが、「都会でも何度も行きたくなる場所はリゾート」なのです。これからの観光地・宿泊施設は「観光地からリゾート地（繰り返し行くところ）」「一見客をリピーターに」変革できるような魅力ある場所・施設にしていかなければ生き残れなくなるでしょう。それには、今から経営者を含めた全従業員教育に取り組み、生き残るための対策が必要です。

●人手不足対策と労働生産性向上、その鍵はスタッフ教育

人手不足を補うには「マルチタスク（一人が複数の業務をこなす）」（星野リゾート）、「変なホテル（ロボット導入で人的サービスを激減）」（HIS）等は時代を見据えた素晴しい取り組みで、両氏には今後の日本の観光業界のリーダーとして私は大きな期待を寄せています。今後は、働き方の制度と姿勢改革や人財教育に力を入れ、「労働生産性」を高めていくことが急務です。一人の労働生産性を2割上げられれば人手は2割少なくなる計算になります。しかし、このような計算が成り立つのに、どうして人財教育に「熱心な会社とそうでない会社」に分かれるのか、不思議に思ってきました。20人の職場で「2人の退職者が出たので2人の補充をお願いします」と、労働生産性面での検討をせずに人事にお願いするマネージャーは優秀とは言えません。退職者が出たのは自分のOJTができていないか、その会社での根本的な教育ができていないかの証拠です。経営者を含めた「意識改革」のための全従業員教育は今後ますます重要になっていくでしょう。

ザ・リッツ・カールトン・ホテル、帝国ホテル、加賀屋の素晴らしい取り組み事例を紹介してきましたが、共通することは「ハードウエア（建物・設備）」以上に、「ヒューマンウエア（人的サービス）」を高める教育に大きな力を注いでいることです。たとえ設備関係が劣っていても「人的サービス＝ホスピタリティ」が高ければ、一流ホテル・旅館に少しでも近づくことができると信じています。

●健康で魅力ある業界に！→週2日休業

今後、ホスピタリティ業界（特に宿泊・ウエディング・飲食業等）は年間無休営業ではなく「週1～2日休業」対策も喫緊の課題です。稼動が芳しくない曜日を休業（予約コントロールでも可）にしたり、オフシーズンには長期の休暇を従業員に与えたりしなければES・CS双方から魅力ある業界にはならないだけでなく、施設も生き残れなくなると私は危惧しています。コンビニ業界も24時間営業の見直しが求められているのと同様、ホスピタリティ業界も「時代に合わせた営業」を見直し、優秀な若い人が希望しイキイキ働ける「健康で魅力ある」業界になることを切望しています。

5 インバウンド（訪日外国人）4000万人・消費額8兆円の対策

日本が「観光立国」として世界の競争に勝つには様々な課題があります。私は2003年にホテル業界代表として国交省の「インバウンド誘客戦略（ビジット・ジャパン・キャンペーン）」として「スポーツ観光」などを提案させていただきました。当時521万人の訪日外国人が今や3119万人（2018年）に到達し大変嬉しく思っています。しかし政府は2020年に「訪日外国人4000万人、旅行消費額8兆円」を目標に様々な戦略を推進していますが、8兆円は相当の工夫がないと達成は不可能と思います。それは現在の一人当たり消費額15万円を20万円に高めなければならず、それにはMICE

（Meeting 会議・研修、Incentive tour 報奨・招待旅行、Convention 大会・学会・国際会議、Exhibition 展示会）は誘致だけでなく「同伴者プログラム・アフターコンベンション対策」の充実が必要です。また乗船客視点での「クルーズ船客の消費額アップ」の工夫等、消費額を大きく上げる（稼ぐ）対策が求められます。私も現役時代にＭＩＣＥ（4〜12年先の世界の諸学会）誘致のために米・英・仏・独にセールスに出かけました。最近では個人でのエーゲ海・カリブ海クルーズ体験を通じて「乗船客（外国人）側視点」と「日本の受け入れ側視点」のミスマッチを感じてきました。外国人のニーズにあった体験型観光の提供が今後の大きなポイントになります。それには留学生や海外居住経験者を加えた「観光地経営組織（ＤＭＯ）活動」、クルーズ船体験者による「魅力ある企画提案」戦略等などが必要であると思っています。

●国際儀礼（プロトコール）に精通した人材育成を！

ＭＩＣＥの誘致は大きな課題ですが、世界の賓客を迎えるにはそれ相当の受け入れ態勢が必要です。私も２００３年に日本の歴史上最大規模の国際会議「第3回アフリカ開発会議」（23人の元首、89カ国・47の国際機関）をホテル責任者として受け入れ、様々な国の元首・首脳を迎えるには「国際儀礼（プロトコール）」に精通した人材が必要と痛感しました。国際会議は外交上とても大事なイベントであるため無知から生じる失敗回避のためにも、ＭＩＣＥ誘致とともにこのようなホテル人材の育成を切に願っています。

第3章

日常生活（職場・学校・家庭・人間関係）にホスピタリティを活かす

この章では「ホスピタリティ（おもてなし）」を、皆さんの日常生活にどのように活かしていったらよいか、またその方法や磨き方について、皆さんと一緒に考えていきたいと思います。これらが実践できれば従来の生活がイキイキしグッと楽しくなります！

1「好感力（度）」を磨き・高める

「好感力」と言う言葉を聞いたことはあると思いますが、それがどのようなことで、どのような効果があるのかをご存知ない人が多いと思います。容姿と好感度は無関係で、いくら美人でも「気持ちの〝かわいらしさ〟」がなければ周囲から好感を持ってもらえません。好感度の高い人は、学力の高い人よりも高く評価されます。その磨き方について考えてみましょう。

1 ホスピタリティのチカラを日常生活に活かす

近頃は「自己中心的な言動」をする人が多いとも言われています。そのような人は「その場の空気を読めない」「相手の立場に立ってものごとを考えられない」等、「想像力と共感力」が乏しいからです。子供の頃からペットと一緒に生活してきた人は、「動物はどんな気持ちなのか？」「鳴いたけど、なぜだろう？」等とペットの気持ちを想像することによって「共感力」が自然に身についてくると言われています。

ペットの世話がペットへの愛情を育み、共感力が芽生えます。共感力を高めるには想像力がないと高められません。人間関係においても同様で、「恋愛と失恋」もそれらを高めてくれます。「相手はどんな気持ちでそのような言動を？」などと想像し、それが「相手の立場を理解」し、自分の視点とは異なった視点で理解できるようになります。特に、違う立場や環境の人と接するときに「相手の立場」や「今置かれている環境」等の理解が大事になります。それには、できる限り「自分とは異なる職種」で働いている人や「考え方の異なる人」と交流していけば、自分のモノの見方の幅を広げることができ、厳しい山や壁を前にしたときに「乗り越える力」が身につくでしょう。私もここ数年、迷い犬と捨て猫を数匹飼って一緒に過ごし、既に犬1匹、猫4匹との悲しい別れを経験してきましたが、それぞれに様々な思い出があります。ペットへのホス活を通じて「想像力と共感力」を磨いていけば、きっと人への想像力と共感力も同時に磨けると信じています。

2　あなたは「ワイマル人」ですか、「ワイバツ人」ですか？

この世には相手の気持ちを読んで（察して）行動できる人とできない人がいます。すなわち、相手の気持ちを「Y○（読める）」人と、相手の気持ちを「Y×（読めない）」人です。前者は「気配り・おもてなし」ができる人で、「好感度が高い人」です。そのような人を「Y○＝ワイマル＝相手の気持ちを読める人」と称してみました。その人は「気づかい・心づかい」ができる人です。このような人は人間関係で悩むことはないでしょう。しかし逆の「Y×＝ワイバツ＝相手の気持ちを読めない人」が多くいるのも事実です。時には我がもの顔でふるまい、自己中心的な言動が見受けられる人です。私は以前から「ホスピタリティの世界は心理学の世界と同じ」と思っていました。人のニーズや要求を読んで施すことはもちろん、相手が声を出さなくてもその人の動きを察して対応しなければならないからです。これは仕事上だけでなく日常生活上でも友人関係でも同様です。ワイバツ人よりもワイマル人のほうが皆から好かれるのは言うまでもありません。皆さんも自分の日ごろの言動を振り返って、前者なのか後者なのかを考え、「好感力のあるワイマル人」になれるように自分自身を磨いてほしいと思います。

●表情がポイント！

あなたは「晴れ顔」ですか、それとも「雨顔」ですか。好感度は「美しい顔」「可愛い顔」とは無関係です。いつもつまらなそうな顔（雨顔）をしている人よりも、明るい顔（晴れ顔）をしている人のほうが多くの人に好かれます。これはノンバーバル（非言語的）なコミュニケーションの一つで、意識すれば誰でも「晴れ顔」になれますし、意識しなければできないでしょう。意識するかしないかの違いだけなのです。自分の表情が晴れであれば気持ちも晴れで過ごせますが、表情が雨であれば気持ちも雨になります。「晴れ顔」になるには全く費用がかからない上に誰からも好かれる、こんないいことはありません。ぜひ意識することから始めてみましょう！

●笑顔が基本！

「笑顔効果」は既述のとおりですが、心理学の実験で「怒り顔」の人と「笑顔」の人の写真を同時に見せて、後日同じ人の無表情の写真を見せ、どちらの人を良く覚えているか？実験したところ、結果は圧倒的に「笑顔」の人であったとのことです。つまり笑顔でいる人のほうが「記憶に残りやすい」ということです（笑顔優位性効果）。実験からも証明されているわけですから、「笑顔」でいる人は日常でも仕事でもアドバンテージが高く、好感度も高い人であるといえます。親からせっかくいただいた顔ですから、顔かたち以上に「笑顔で付加価値」をつけていけばきっと親も喜んでくれるに違いありません。これは親への恩返しです！

●つまらないと人と見られないために！

イケメンや美女と言われるのに異性からモテない人がいます。その理由は「相手に興味のないことを話題にする」「ネガティブな考え」「雨顔」「相手に気づかいができない」「その場の空気を読めない」等の人です。その真逆な人は好感度が高いと見られます。また、男性から好かれる女性は「明るく楽しい」「話を合わせられる」「健康美人」な人です。決して容姿が条件ではありません！　脳科学的には、言葉を頭で理解するよりも先に、相手の「表情」を見て脳が自動的に「信じてよい人」と判断すると言われています。つまり、自分の「表情」が相手の心にすぐに伝わり、それが相手の「ポジティブ・ネガティブ姿勢」を変えてしまうようです。コミュニケーションはノンバーバル（表情）からスタートしてバーバル（言葉）に、これは既述の「メラビアンの法則」にあった第一印象づくり要素と一緒です。表情づくりの第一歩は「口角上げ」の実践からです。ぜひ意識しながら訓練しましょう！

3 「お・お・報・連・相」ができる人は好感度の高い人

私は企業教育で「お・お・報・連・相」ができる人は一流のビジネスマン・ウーマンになれます！　と指導しています。「報連相」だけでなく、それにプラスして「お礼・お詫び」も言える人は、誰からも「好感度が高い」と、評価が得られますが、このようなことができる人は少ないです。私たちは友人・同僚・上司・お客さま・取引先など、毎日多くの人に接して生活していますが、その人ごとに「報告・連絡・相談」事はあります。Aさんには「報告と連絡が1件あります」とか、Bさんには「ご相談があるのですがよろしいでしょうか？」等は日常交わしていると思います。Cさんに会った時に「そうだ！　Cさんには昨日ごちそうになった」と頭に浮かべ、「Cさん、昨日はごちそうになりありがとうございました！」と言い、Dさんに会った時には「Dさんには先日ご迷惑をおかけしたので」と思って、「Dさん、先日はご迷惑をおかけし大変申し訳ございませんでした」と言える人が少ないのは残念です。また、通常の挨拶言葉以外に一言付け加えれば良い印象を持ってもらえるのに、「よろしくお願いいたします」としか言えない人は、味気ない人です。会った時の挨拶以上に大事なことは「別れ際の挨拶」です。「今日は大変勉強になりました、学んだことを早速実行してみます！」と一言加える、その挨拶が「好感度」を高めることにつながります。私は「学力よりも好感力の高い人」のほうが高い評価を得られると言い続けてきました。特にホスピタリティ業界では好感力が重視され、私はそれを「学力偏差値」ではなく「社会的偏差値」と称しています。この「お・お・報・連・相」が実践できれば、一流の好感度人間になれます。

●あなたは化粧美人ですか、それとも「心美人」ですか？

人は誰しも「美しく」なりたいという気持ちは持っていますが、それを化粧に頼るだけでは悲しいです。あなたは「心美人」という言葉をご存知ですか。これは「心が美しい人」をいいます。心が美しい、そのような人は好感度も高く誰からも好かれるでしょう。「おもてなし」は自分磨きである、ということは既説のとおりですが、これは一朝一夕にはできないものです。しかし、その目標を立てて毎日コツコツと実践していけばきっとなれます。周囲に気を配り、温かく・親切・丁寧に接するようにしていけば難しいことではありません。これらの努力は自分自身の成長につながるだけでなく、好感度も徐々に上がっていきます。意識しながら行動に移していけば習慣が変わり運命が変わるのです。何事も「始めることに遅い」ということはありません。「始めなければ始まらない!」のです。やらないで後悔するよりも「やって後悔する」ほうがよいでしょう。さあ、「今日から!」始めてみましょう。

4 好感度を高めるために「相手の目」を見て話す

好感度の高いコミュニケーションの取り方として「相手の目を見て話す」ということも大事です。近頃「視線耐性」という言葉を耳にします。それは「視線耐性のない人=相手の目を見て話せない人」のことで、話に慣れていなく人との会話が苦手な人です。ある調査によれば「他者の視線にストレスを感じることがあるか」という設問に、「とてもよくある、たまにある」と回答した人が60%(10~20代では約70%)近くになり、「相手の目を見て話すのが苦手」と回答した人も若い人では54%で大変驚きました。子供のころから対面で接したり話したりする機会が少なく、SNSやゲームなどが原因かもしれません。このような人は「聴いてくれているのかな?」と相手に不安感を与え、好感度は低下してしまいます。

視線耐性対策の方法!

a. 慣れるまでは相手の目を直視しないで、「喉元・鼻」などあたりを眺める。
b. TVアナウンサーの顔とニュースを見て、「うなずく訓練」をする。
c. SNS・ゲーム・ネット閲覧などを控え、友人との「対面での会話」を心がける。

大学でもプレゼンテーションやスピーチ訓練時に下を向いて話す学生が多いのも気になって「聴いている人に向いて話すように！」と指導してきました。中にはマスクを外さない学生もいて「風邪？　花粉？」と問いかけると、どちらでもないのです。従来マスクをつけるのは、それらが理由でしたが、近頃は「自分を全てさらけ出したくない、隠したい」という意識の表れのような気がします。これでは周囲に良い印象を与えないどころか好感度の低い人に見られてしまいます。視線耐性力をつけて「好感度の高い人」を目指していけば人間関係も好転すること間違いなしです。

5　スポーツと「気づかい」

スポーツにも「気づかい」が必要ですが、近頃の若者はスポーツマナーがなっていないと揶揄されているのも事実です。例えば紳士のスポーツとして誕生したゴルフについて、近頃では接待時のマナーを教える会社もあるようです。私も当時ゴルフ場保有数日本一の会社に入社し、新入社員時には芝刈り・キャディ等の仕事も経験しました。その時に「ゴルフ誕生の歴史・マナー」等、基本的なことについても学びました。ゴルフ愛好者には釈迦に説法と思いますが、特に接待などで行く場合に気をつけたい「気づかい＝最低限のマナー」について記したいと思います。なぜなら同伴者は気づいていますが「自分が気づいていない」ことが多いからです。まずティーグラウンドで同伴者がボールを打つとき（相手は集中しているので）自分たちの会話は控えることは当然です。毎回「ナイスショット！」と声をかける人もいますが打った本人が「まずい！」と思っているときには逆効果になります。これは相手の表情を観察していれば防げます。自分が打つ時に素振りを何回もする、これもNGです。周囲は「早くしてくれ！」とイライラしているかも知れません。グリーン上でも「同伴者のボールとカップを結んだライン」を踏むこともNGで、次のホールに移動する際は同伴者の中で目下の者がカートを操るのは常識です。特にお客さまを接待する時はスタート時間の1時間半前にはゴルフ場に到着し、クラブハウス内設備をはじめお客さまの動線（ロッカー・食事場所・お風呂等）をチェックするのが大事です。常に「動きの先を読む」「お客さまの動向に気づかう」ことがお客さま・上司に対する気配りです。また、緊張のあまり会話が少なく笑顔がないことにも気をつけたいものです。お客さまと「一緒に楽しむ」ことも大事で、自分のキャラクターを売り込むチャンスでもあります。この時こそお客さまや上司は、あなたの「気づかい」を見ているので、気が利く人間か否か、その後の評価につながっていくことを忘れないことです。人への気づかいはブーメランの如くやがて自分に返ってきます！

6　人からの評価は学力ではなく、「好感力」

経験上、「好感度の高い人は学力の高い人に勝てる！」と実感し、指導してきました。皆さんはどう思いますか。研究職や製造業従事者などの非接客業では学力や技術力などが大事と思いますが、サービス業では好感力が大事な評価ポイントになります。そこで、皆さんに以下の質問をしたいと思います。

Q. A・Bの二人がいた時に、周囲から好かれ・評価される人はどちらだと思いますか？
　A……学力は高いが、好感力は低い人。
　B……学力は低いが、好感力は高い人。

職種や職場によって回答は異なるとは思いますが、世間一般にいえばBの人でしょう。しかし、この世では「学力偏重」の風潮が残っていて「好感力」よりも「学力」という考え方をする人が多いのも事実です。サービス・ホスピタリティ業界では明らかに上位の役職に上っていく人はBの人です。多少の学力の差は好感力によってカバーできるからです。研究職や非接客業に従事して、人と交わることの少ない仕事はともかく、サービス・ホスピタリティ業界以外の業界でも「好感力の高低」が評価の対象になってくるでしょう。数年前に日経新聞が主な企業の人事役員を対象に「どのような学生を求めますか？」という調査をしたところ、「コミュニケーションが取れる学生」がトップでした。それを上手にとるには、「好感力」が大事です。この世は「人から可愛がってもらえるか否か」で人生が決まる、と私は思います。上位大学を出たからといって成功できるわけではありません。18歳までの学力向上への努力の結果、現在の大学（学校）で学ぶことになったのだから「上位大学生」に負けない4年間を送り、「好感力を磨く努力」をすれば社会に出ても十分活躍できる！　と指導してきました。それが功を奏したのかはわかりませんが、ゼミ生の多くは一流企業から内定をいただき活躍できているのは大変嬉しい限りです。

●「高評価3K」人間が出世する！

いくら学力が高くても周囲から高評価を得られない人がいます。それは3K（気づき・気配り・クイック対応）が身についていない人です。逆に、この3Kを身につけている人は好感度が高く、職場でも必ず出世できます。学力に自信がない人は「高評価3K」磨きをぜひ勧めます。

7　好感力を高めるには？

「躾」という言葉を最近は聞く機会がなく寂しく思っています。昔は「あそこの娘さんは躾が行き届いている」ということを耳にしていました。私の親も私の兄や姉たちによく言っていました。当時は「躾が身についている」ことがお嫁さんになる条件の一つであったのです。「躾」という字は「身が美しい」と書き、まさに振舞いをはじめ「好感度七原則」で説明したことが身についている人です。これが「好感度の高い人」と評価され、誰からも好かれ良好な人間関係がつくれる人といえます。その高さのポイントは「笑顔」が自然とできるか否かです。たとえ姿かたちが美しくても「笑顔」のない人は周りから好かれません。逆に、それなりの人でも「笑顔」の美しい人は誰からも好かれます。笑顔は自分の「価値・評価を2倍に」高めてくれる！　と思って、今日から鏡で「ハッピー！」と口に出して自分の表情のチェックと笑顔トレーニングをしましょう！　さて、あなたの笑顔＝好感度は何点ですか？　他人にチェックしてもらいましょう。
笑顔は＝万国共通の身体言語です！　相手の警戒心を解く効果があります！
笑顔は＝経営資源です！　減ったり、劣化したりすると商売は衰退します！
笑顔は＝元手がいりません！　しかも好感度が高くなり皆から好かれます！

●反応よく！

話しているときにうなずきや共感がない人を時々見かけます。講演会などでもわかってくれているのか否か無反応な時があり、こちらとしてはやりづらいこともあります。よく落語家が「皆さんの笑いでこちらも乗ってきますので！」という気持ちがよくわかります。私はそんな時「私は飯能市の隣の市に住んでいる」のでよろしくお願いいたします！　と、冗談を言って場を盛り上げることもありますが、残念ながらそれにも無反応の人もいます。共感力はホスピタリティの重要なポイントです。流行語大賞になった「そだね～」も共感言葉です。特にチームプレー競技ではその言葉によって一致団結してよい結果を生みます。

8　「好意の返報性」とは？→スマイル・アプローチが大切

皆さんは「好意の返報性」という言葉を聞いたことがありますか。これは心理学的な言葉ですが、相手に「好意で接すれば相手も好意で返してくる」という意味です。自分の心理が相手にもつながり、言葉でなく「表情でのキャッチボール」ができるということです。ニコニコ顔で相手に接すれば相手も笑顔で接してくれます。逆に怖い顔で接すれば相手も嫌な顔をします。よく「あの人はいつも私に怖い顔をして」と思う時は、自分が相手に「怖い顔で」接しているからです。相手がムッとしているのは「自分の責任」です。

「子供がいつも不満顔」なのは？
→子供を見るといつも小言を言っている親の責任です！
「ウチの家内は、愛嬌がない」のは？
→いつも奥様にムッと接している主人の責任です！

大事なことは「スマイル・アプローチ」です。誰だって笑顔の人には笑顔で接するでしょう。怖そうな顔をしている人に笑顔で接することができる人はいません。「相手の表情は自分の表情の表れ」と考えて接していけば好感度が高まり、しかも人間関係が好転していきます。さらに、笑顔で話せる人は誰からも好かれ、何事もうまく進みます。

9 「聞く（Hear）」ことと「聴く（Listen）」ことの違い

皆さんは「聞く」という字と「聴く」という字の違いをご存知ですか。多くの人は同じ意味と考えているかもしれませんが、大きな違いがあります。「聞く」という字は「門の外から音が聞こえてくる」＝受動的な聞き方で、「聴く」は字の構成のとおり「耳にプラス（＋）して目と心」を傾けて聴く＝能動的な聴き方です。人の話、特に相談・悩みは後者の「聴く」という姿勢で傾聴してあげましょう。これも「相手の心」に耳を傾けるというホスピタリティで大事な「心の前傾姿勢」です。皆さんは人から相談を持ち掛けられた時に「上の空」で聞いている人はいないと思いますが、相談や悩みのポイントは何なのか、「うなずき」と「相づち」を加えながら真剣に聴いてあげることです。そのような「温かく・親切・丁寧」という姿勢がやがて信頼につながっていきます。また、相づちについても相手が言った言葉を繰り返すこと、例えば「母が認知症に……」という相手の言葉に対し「お母さんが認知症に……」と、相手の言葉の単語を重ねながら聴いて「共感」してあげると、私のことをよく聴いていると思ってくれます。これも相手の気持ちに添ってあげる「思いやり」につながります。「会話」とは相手の「話に合（会）わせる」ことと理解すれば好感度は高まります。

10 ライン・メール返信の最初の文は、「相手へのお礼」を

ラインやメールをもらい、それに対する返信に「相手からのメッセージに対してのお礼・同感」を書かずに、いきなり「自分の考え」を書いて返信する人がいます。これは相手にとっては「自己中（心）」と捉えられNGです。まずは送信してくださったお礼のコメントをし、その後に自分のコメントを送信すべきです。何故なら相手は自分が送信した内容にどのような反応を示してくれるのか、を期待しているからです。そのことを考えれ

ば「いきなり自分のこと」を書いて返信されたら不快に思うのは当然です。子供たちの間で、昨日まで仲良しであったのに「既読スルー」がきっかけで不仲になってしまうことは多々あるようです。大人の世界でも同様で、送信したのに既読スルーや一言も返信がなければ信頼関係は薄れます。私は毎朝・昼・晩の三回、メール・ライン・メッセンジャー・電話の記録のチェックを日課にしています。僅か5分あれば可能です。特に電話以外はいつでもどこでも返信可能なので「相手は返信を待っている」と考えてクイックレスポンスを心がけることです。スマホ・パソコンの先には「待っている人がいる！」と考えればできることで、相手へのちょっとした気づかいです。特に「お客さまや目上の人」からの受信に対して、返信が滞ったり未返信は信用がなくなることもあるので注意しましょう。ホテルでセールスを担当していた時、お客さまからの電話連絡を一日延ばしにした部下がいました。その結果、既にパーティ（１０００名、１５００万円）が他社ホテルに決定、まさにタイムイズマネーです。3時間以内に返信できる人は一流、当日内は二流、翌日は三流と心得たいものです。

また、「うわー！　ありがとうございます！　とても嬉しいです！」等の少々「大げさなくらいの反応」をすれば、読んだ人は喜び、好印象を抱いてくれるでしょう。反対に「普通の、ありきたりの反応」であれば印象は薄く、好感を持ってくれません。ホス活は「この時、この人に、反応する！」ことです。しかも自分が今まで反応してきた「2倍くらいの気持ちで反応」していけば、きっと好感度も高まります！

11 「After you!（お先にどうぞ）」は、わずか3秒

エレベーター（EV）や電車を待つときに列を作って並ぶ時があります。日本人は外国人が驚くほどきちんと前の人の後ろに並んで待っています。でも気になることが時々あります。それはEVや電車が到着すると我れ一番に入ろうとしていることです。周りにお身体の不自由な方やご老人などがいてもお構いなしです。もしそのような人がいたらその人を優先させる気配りが欲しいと思います。欧米人は「After you!」と声を発して自分よりも優先する人が多いのには感心です。また、レディーファーストを徹底しているジェントルマンも多くいます。このような行為は長くて3秒です、わずか3秒で人の評価が変わるのです！　声に出さなくても手を差し出すだけでも相手はお辞儀で返してくれます。余裕があれば「After you!」「お先にどうぞ！」と声掛けし、笑顔で先を譲る、そうしたら紳士淑女と評価されること間違いなしです。

●相手に譲る！

相田みつをさんの言葉に「うばい合えばたらぬ、わけ合えばあまる」があるのはご存知でしょうか。確かにそのような事例は多くあり、歴史を遡れば戦争も同様です。もっと「分け合う、譲る」気持ちがあればこの世は過ごしやすくなるのにと思います。電車で「席を奪う」ことから「譲り合う」ことを多くの人ができればお互いに気持ちよくなるはずです。戦後約70年間の社会の大きな流れにより、日本が持っていた「品格」「品位」が

失われつつあると指摘している学者もいます。近頃の「品格本」の人気はその表れかもしれません。「衣食足りて礼節を知る」とは反対に、日本は豊かになって逆にマナーが悪くなっている、と一部に言われているのはとても残念です。「品格」とは物の善し悪しの程度で、「品位」は人に備わっている「人格的価値」です。ちょっとした気づかいや思いやりを続けていけば「あの人には品位・気品が」と、評価されるようになります。これらの「周囲に対するホス活」も忘れないようにしたいものです。

ホス活ができる人は周囲から信頼される人に！

多くの知識があっても、いくら仕事が出来る人でも、相手や周囲への「気づかい」がなければ「信頼」は得られません。でもこの世には「自分は知識があるから、仕事が出来るから」と考えて「信頼がある」と誤解している人もいます。このような人は比較的高学歴

コラム

「ホテル利用とマナー（相手・周囲への気づかい）」

ホテル旅館など二人やグループで利用されることが多いと思います。その時に、つい自分の日常習慣が出てしまい同行者への配慮（気づかい）が薄れてしまって評価が低下することは避けたいものです。そうならないためのマナーを〈客室〉と〈立食パーティ〉に分けて注意点を記したいと思います。

〈客室〉

洗面室には歯ブラシ・ヘアーブラシ・ヘアーキャップ等のアメニティがありますが、例えばどの歯ブラシを誰が使用したか分からなくなってしまう経験がある人は多いでしょう。人数分のアメニティをホテル側は用意してくれているはずですから、自分が使用したコップに自分の歯ブラシを立てて入れておきましょう。また、洗面台を使用するとどうしても水滴が周りについてしまいます。使用後には小さめのタオル（ハンドタオル）でベーシン（洗面器）・鏡などを拭いておけば、同行者は気持ちよく使用することができます。バスタブ（シャワーで汚れを洗い流す）やトイレ便器（ペーパーで拭く）も同様です。

〈立食パーティ〉

ホテルでの会食スタイルにはレストラン・宴会場等を利用した様々なスタイルがありますが、ここでは立食パーティの主なマナーについて記します。会場には料理ボードを中心に、その周りにテーブルやドリンクコーナーが用意されています。この種のパーティでこんな光景を目にする時がありますがNGですので気をつけましょう。それは「料理ボードから離れずに」その場で食べてしまう、口を「もぐもぐ」しながら料理を取りに行き、帰る時にも「もぐもぐ」しながら自分のテーブルに帰ってくる。これらのマナーは言うまでもなく「みっともない」と周囲は思っているのに、自分は食べることに一生懸命になって気づいていません。前者は「他の人が料理をとる邪魔」になるので、自分のテーブルに帰って来て食事を楽しむようにしたいものです。立食パーティの目的は「多くの人との交流を楽しむ」ことにありますので、料理はつまむ程度にし、ドリンクを片手にスマートに名刺交換などにポイントを置きたいものです。中にはつまらなそうに壁際に立って何もアクションを起こさない「壁人形」を見かけますがこれも避けたいものです。

の人に多いといわれていますが、「実るほど頭をたれる稲穂かな」のような謙虚な人も多くいます。その分かれ目は何と思いますか。それは「3K（気づかい・心づかい・声かけ）」ができているか否かの違いです。好感度は「他人の為ならず自分のため」で、それはブーメランと同様に必ず自分に返ってきます。ホスピタリティには相互扶助・援助という意味があることは既述のとおりですが、「情けは他人のためならず」という諺と一緒です。「ホス活は他人のためならず自分のため」「利他は自利につながる」と心得たいものです！

2 「創楽力」を磨き・高める

人生は「楽しさ」と「苦しさ」の連続です。前者が後者を上回れば人生をより楽しく過ごせます。もし苦しさの中に「楽しさ」を創り出していく力があれば、その苦しさも和らいでいくでしょう。その方法を一緒に考えてみたいと思います。

1 知る者より好む者、好む者より「楽しむ」者が勝っている

皆さんは「子曰、知之者、不如好之者。好之者、不如楽之者」（論語）＝「之を知る者は、

「創楽力」循環！

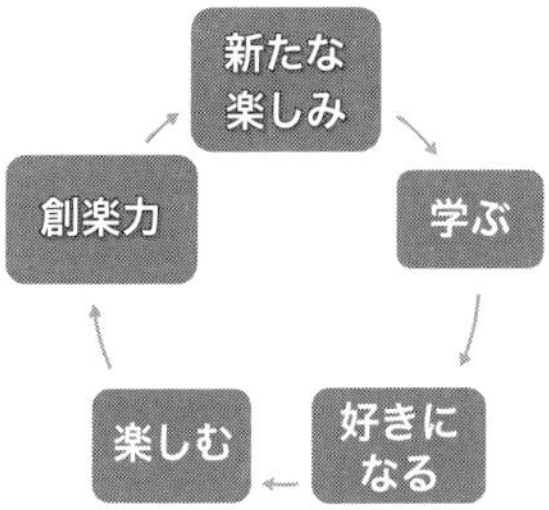

「論語」孔子

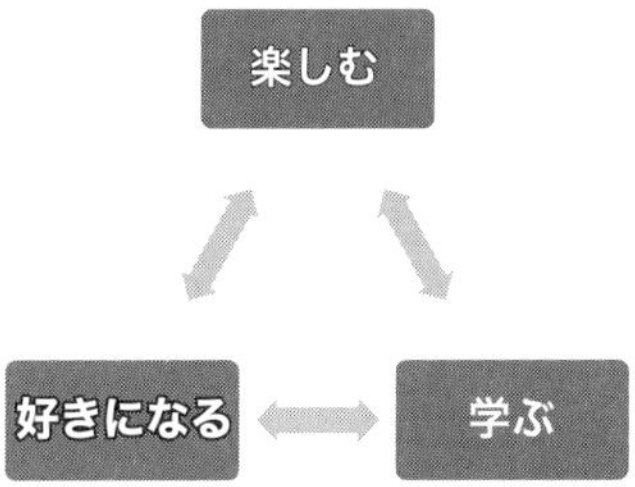

之を好む者に如かず。之を楽しむ者に如かず」という言葉を聞いたことがあるかもしれません。意訳すれば「ものごとを知識として知っている（だけの）者は、その知識を愛好する者におよばない。愛好する者は、それを楽しんでいる者にはおよばない」という意味で、まず「学び、それを好きになり、さらに心から楽しむ」ことが大事であると、論語に書かれています。論語は中国の哲人・孔子（紀元前552～479年）の教えを弟子たちが「論語」としてまとめたものです。昔から「好きこそものの上手なれ」という言葉が言われてきたのはご存知と思います。私は「楽しむこそものの上手なれ」ということに気づきました。仕事も勉強も音楽もスポーツも全て「学び→好き→楽しむ」というプロセスを経ればやがて上手になります！

● 人生の究極は「楽しむこと」！

ポイントは最後の「楽しむ」ことで、楽しめばもっと知りたいと思って「学び」、以前よりも「好きに」なって、さらに「心から楽しめる」ようになると私が気づいたのは、企業での現役卒業後9カ月間の浪人（充電）生活時でした。大学教員を目指し、論文作成など精神的に大変苦しい時間を過ごしている中で、「人生・家庭・仕事・教育・指導・人間関係」など様々なことについて考えさせられました。そこで行き着いたのが「好きになる」と「楽しむ」ことでした。人生の究極は「楽しむ」ことであるけど、「楽しむ」には「学ぶ」ことがなければ「楽しめない」ということにも気づいたのです。なぜなら、広い知識がなければ「好き」なことも発見できないし、「楽しむ」こともできない。

苦しいことは「好むと好まざるとに関係なくやってくる」が、楽しみは「自分から創り出さなければ」楽しめないという大発見があったのです！　誰だって苦しみは避けたいと思い、楽しみが訪れることを希望しているのは事実でしょう。でも「楽しもう」という能動的な姿勢・工夫がなければいつまでたっても「楽しめない」のです。そこで、「創楽力」（自ら楽しみを創り出す力）が必要である、と行き着きました。この言葉は広辞苑をはじめどこの辞書にも載っていません、それは私の造語であるからです。その「創楽力」という力を自分の中に取り入れれば「新たな楽しみ」が出てきます。それを循環していけば「多くの楽しみ」と「質の高い楽しみ」が得られるでしょう。これがうまく回っていけば皆さんの人生が「イキイキ」してくるに違いありません。例えば、野球を楽しみたいと思ったら、野球観戦などを通じて好きになり、もっと好きになるにはルールを学ぶことです。論語風に考えれば、「野球に興味がありルールを学ぶ」→「野球が好きになり観戦する」→「野球を実際にやって楽しむ」→新たに別のスポーツ「テニス・ゴルフ等」に挑戦する、ことになります。このように「学び→好き→楽しむ」は循環ですから論語風のプロセスでも逆のプロセスでも良いと思いますが、皆さんはどう思いますか。勉強が嫌いな人は多いと思います。私も子供の頃はその一人でした。でも何かのきっかけで勉強は好きになるものです。皆さんも論語の教えや私の提唱する「創楽力」のご理解をきっかけにぜひ好きになって欲しいと願っています。「考え方が変われば行動が変わり、習慣が変わり、運命が変わる！」と考えましょう。

2 人生の「楽しい」こと＆「苦しい」ことに関するアンケート結果

皆さんは今まで生きてきて、「楽しかったこと」「苦しかったこと」はどのようなことでしたか。そこで「創楽力」を導き出すために18年11月から1カ月間602人にアンケートを実施した結果は表のとおりでした。男女別・年代別比率は円グラフのとおりで、10〜20代が半数であった関係から設問3の「苦しい（かった）」の比率（15・4％）が比較的少なく、「楽しい（かった）こと」の比率（58・4％）が多い結果でした。年代ごとの分析はしていませんが、年代が高くなるにしたがって「苦しい（かった）こと」の比率が高くなると推測できます。設問4の「楽しい（かった）こと」に関するベスト3の回答結果は「遊び」「趣味」「友人関係」で、それ以降は「旅行」「スポーツ」「仕事・家族・恋愛」でした。また「苦しい（かった）こと」に関するベスト3の回答結果は「仕事」「勉強」「病気」で、それ以降は「人間関係」「生活費」「介護・恋愛・クラブ活動」でした。

1. 性別

602件の回答

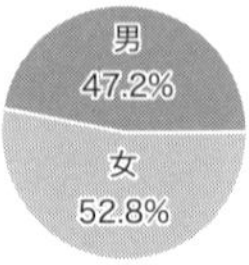

2. 年代

602件の回答

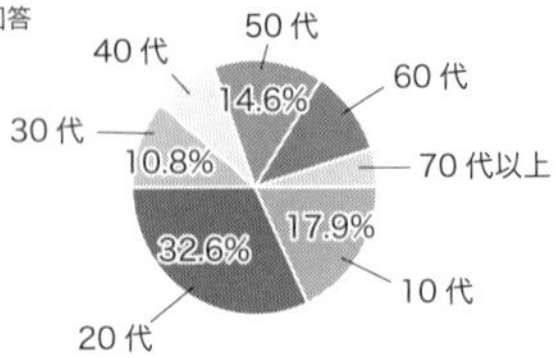

3. あなたが人生で楽しい、苦しいと感じる（感じた）ことはどちらが多いですか？
※楽しいことが多い場合は 1、2 を選択。苦しいことが多い場合は 4、5 を選択。
どちらも同程度であれば 3 を選択してください。

602件の回答

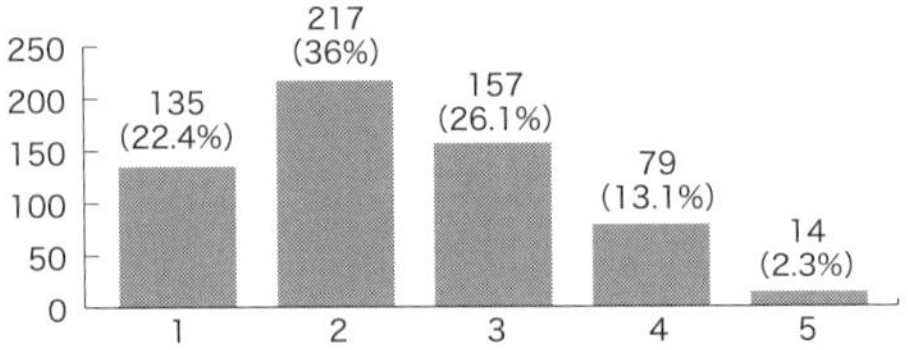

●楽しみも辛いことも十人十色！

皆さんの感想はいかがですか、このアンケート結果に近かった、それとも全くかけ離れていた、どちらでしょうか。楽しみも辛いことも十人十色です。

この結果から「楽しい（かった）こと」に関する上位6位までは多分皆さんも推測していたことに近いと思いますが、「苦しい（かった）こと」に関するベスト上位3位の「仕事・勉強・病気」は理解できますが、やはり4位の「人間関係」は誰しもが悩みの種でしょう。「生活費」は年代を問わず永遠の宿命で、「介護」は年代を重ねるに従い大きな悩み事になるのも理解できます。そこでいかに「苦しい（かった）こと」

4. どのようなことに「楽しい」と感じます（感じました）か？
※主なものを最大３つまで、選択してください。　602件の回答

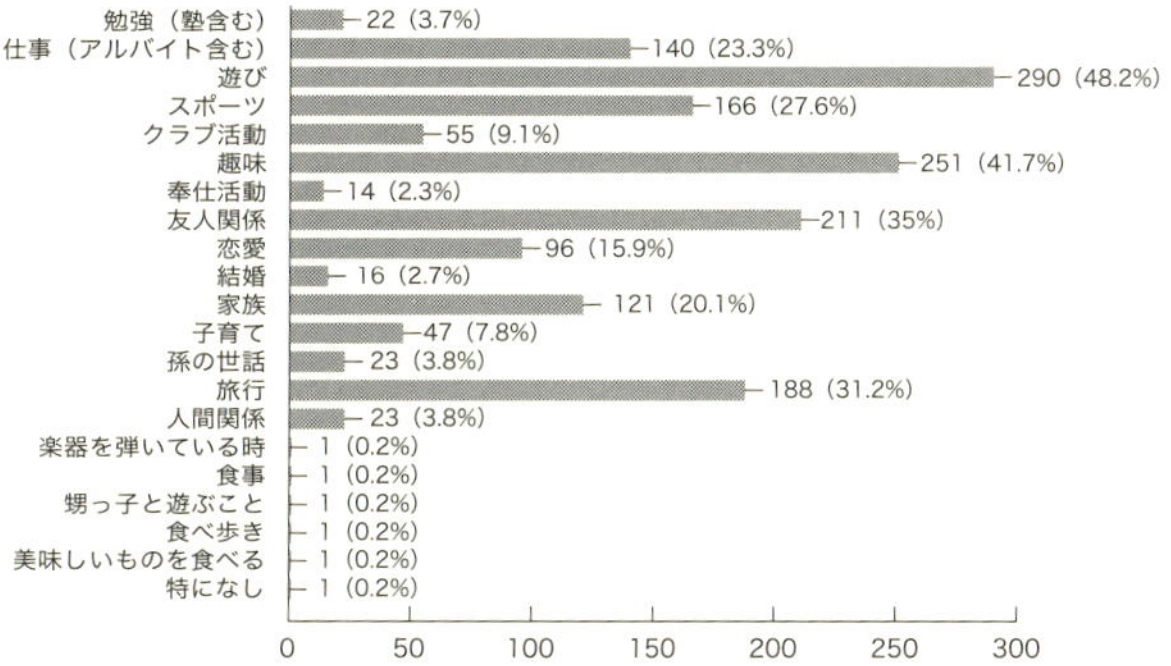

5. どのようなことに「苦しい」と感じます（感じました）か？
※主なものを最大３つまで、選択してください。　602件の回答

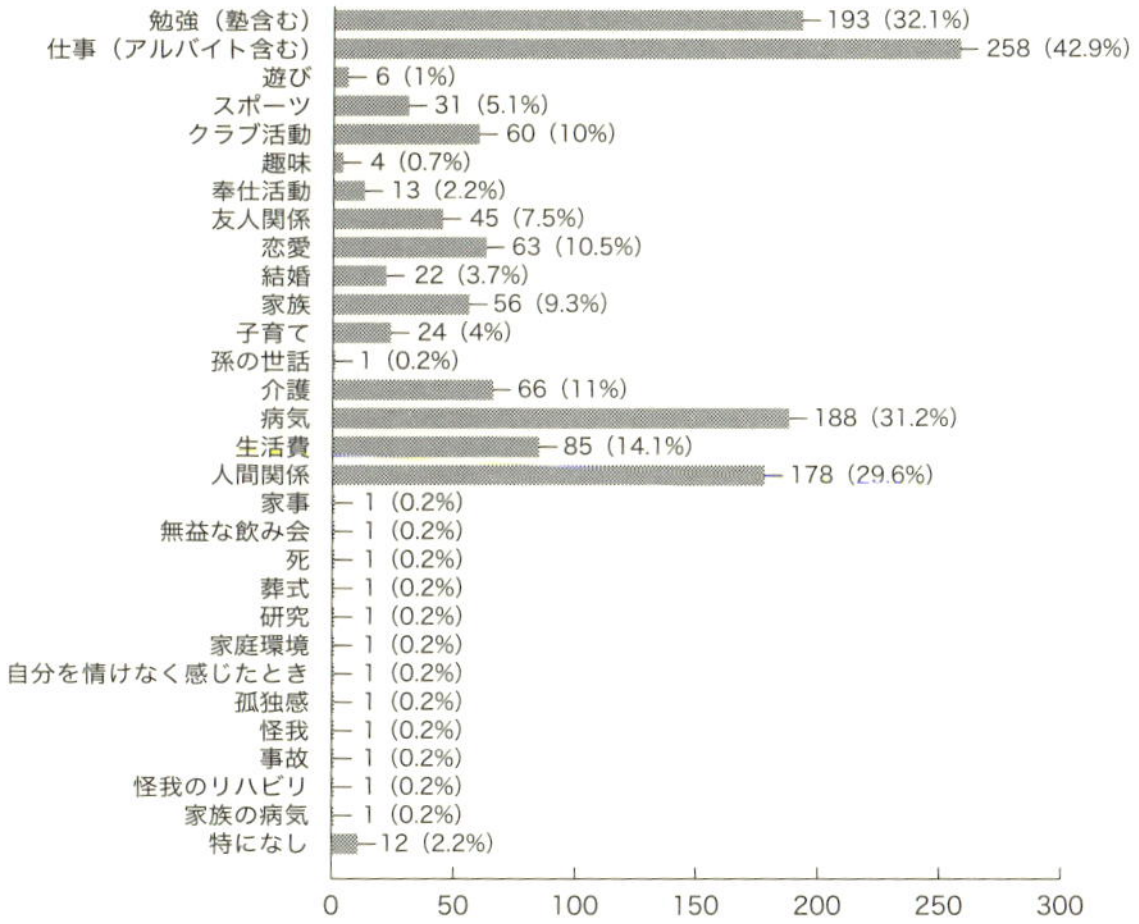

を少しでも和らげて、「楽しい（かった）こと」に変換していくかが「創楽力」としてのポイントになります。生きることは「辛い・楽しい」の繰り返しで、子供のころは「楽しいこと」が多く、成長するにつれ「苦しく辛いこと」が多くなるのは誰しもが経験することです。でも「苦しく辛いこと」から逃げていたら成長はおろか自己実現も図れなく「生きる」ことにはならない、これが人生だと思います。

●「おもしろきこともなき世をおもしろく（高杉晋作）」！

幕末に長州藩の尊王攘夷運動の志士として活躍し、自由奔放で迅速な行動力と決断力で、幕末動乱の世を疾風の如く駆け抜けた高杉晋作は、この世は面白くないが「自分次第でいくらでも面白くできる」と述べています。また、「真の楽しみは苦しみの中にこそある」という言葉も同時に残しています。これは世の中を変えることに心血を注いだ人であるからこそ、苦しみの中で「楽しみ」を見出そうとした生き方であったのでしょう。当時は「生きるか死ぬか」の苦しみで、今日ではそのような厳しい時代ではないことを考えれば「ちょっとした苦しみ・悩み」は、考え方次第でラク（楽）になっていくかもしれません。私たちは自分の希望・意思でこの世に誕生したわけではありませんが、親が生を授けてくれた以上は親に心配をかけずに、「楽しみながらイキイキ」と人生を送っていくことが親への恩返しと私は思っています。

●辛さを「喜び・楽しさ」に変える！

「辛くて困難なこと」に挑戦していくことも、「楽しみながら挑戦」していけば楽しさを得られます。どうしたら「辛くて困難なこと」を楽しさに変えていけるのか、この方法もあるのでは？　と今日まで考えてきました。あるときに「ホスピタリティ」の力を使えば可能になるのでは、と行き着いたのです。「ホスピタリティ＝相互理解・扶助」なので、この世は一人では生きてはいけないし誰かの理解・協力が必要、そこで、お互いに「思いやり・助け合い」があればどんな時にも楽しく生きていくことができ、その「楽しみを創り出せれば」この世は辛いことよりも楽しいことが多くなり、何でも前向きに生きていける！　と発見したのです。

「達士は、心に払《もと》る処《ところ》を以て楽しみと為し、終《つい》に苦心を楽しみに換《か》え得《え》て来《き》たると為す。」（菜根譚）＝人生の達人は、たとえ困難な中でも、それに打ち勝つ喜び・楽しみを見つけている、という言葉にも出会い納得しました。辛い先にどのような「新しい光＝夢」があるか、それを想像し心を満たしてくれるものを探すことです！　それが見つかったら「楽しみを創り出す力」を磨き高め、「新しい光＝夢」に向かっていけば苦しみも和らぎ乗り越えることができます。「創楽力」を「学校・職場・人間関係」等、日常生活に活かしていくことをぜひお勧めします！「病気」は別にして、「仕事や勉強」をどのようにしたら楽しむことができるか、それができれば毎日を〝楽しくハッピー〟に過ごすことができます。そうなれば「人生の楽しみ」がグッと上昇することは間違いないでしょう！　毎日を「WID＝ワクワク・イキイキ・ドキドキ」に生きていけたらどんなに楽しいことでしょう。毎日を「いかに楽しく、気持ちよく、気分良く」生きるか、は全ての人の課題ですが、チョットした工夫から可能になるのです！

●「たのしむ・楽しむ」という意味？

「たのしむ・楽しむ」というのはどのような意味があるのか、辞書（広辞苑）に以下の記載がありましたので紹介します。

①楽しく思う　②心が満ち足りて安らぐ　③豊かに富む　④愉快に感じる
⑤趣味や娯楽とする　⑥期待をかけ喜ぶ（子供の成長など）

また、「たのしむ、たのしい」という漢字にも多くの字があることを発見しました。

「楽」（たのしむ、心がうきうきする、心から好む、喜んでとけこむ）
「娯」（歌ったり、笑いこけたりする）
「凱」（にこやかにたのしむ、なごやか）
「嬉」（にこにこと喜ぶ、女性がにぎやかに笑う）
「愉」（心のしこりがとれてたのしい）
「宴」（落ち着いて酒食を共にたのしむ）

これらの漢字は「娯楽」「凱旋」「嬉楽」「愉快」「宴会」などの字を考えれば頷けます。それぞれニュアンスが異なることもお分かりと思いますが、一人よりも二人で、二人よりも複数で楽しんだほうが、その効果は大きいと思います。今や日本の「カラオケ」は世界共通語になっていますが、音楽も「聴く」時代から自分で「歌う」時代に、さらに「踊る」時代に進み、やがて自分で好きな曲を「作る」時代になるかもしれません。そこには「音楽を楽しむ！」ということがベースにあります。お互いに「楽しむ」、また「相手に楽しく」なってもらうためには、まず「自分が楽しく」ならなければ楽しみを共有できません。自分が「楽しそうに」していればその気持ちが相手に通じて相手も「楽しく」なっていく、この「楽しみのＷｉｎ－Ｗｉｎな関係＝相互創楽」（私の造語）も大事です！

これらが「創楽力」の原点であり、この力があれば一人での楽しみだけでなく、より多くの人と一緒に楽しみを創り出していけるでしょう。「ホスピタリティ」の力で毎日を「楽しく過ごして」いきませんか！

3　スポーツ選手の「楽しむ」とは

皆さん、スポーツ選手が「この試合を楽しみたい！」と話している場面をＴＶなどで観たことはありませんか。２０１８年夏の高校野球甲子園での決勝戦前夜に、大阪桐蔭の選手達が「明日は金足農の吉田投手との戦いが楽しみ！」と言っていました。最も緊張する決勝戦なのに「楽しみ」という気持ちになれるのは苦しい練習に耐えてきたからこそ「最後は楽しみたい」と思っているのかも知れません。ロンドン五輪（'12年）頃から、トップアスリートの「試合を楽しむ」という言葉を聞くようになった気がします。それ以降、日本選手の成績はアップしているともいわれる一方で、「楽しむだけでは勝てない」と言う人もいます。では、アスリート達が「楽しむ」とはどのような気持ちで言っているのか、プレッシャーから逃れるため？　自分に言い聞かせるために？　今まで一生懸命に勝つために苦しい練習に耐えてきたので最後はその力を出すために「楽しむ」ことが大事、と思っているのかもしれません。勝つためには何をすればいいかを必死で考え、毎日ハードな練習を自分に課し、くじけない精神力を身につける、そこには厳しい練習・競技に打ち込んできた選手でなければわからない「楽しみ・喜び」があるのでしょう。それが「楽しい」という表現になるかもしれません。選手は多くの人たちの期待を一身に背負っているため大きなプレッシャーを感じ、その声援を重圧に思うからこそ「楽しみを見いだすことで乗り越えたい」と思っていると考えられます。入学・就職試験時にも応用したら良い結果が得られると思います。

4 〝創楽力〟を身につけ毎日をイキイキ過ごす

誰しも一生を「楽しく過ごしたい！」と思っています。しかし、人生は楽しい事ばかりあるわけではなく、時には「辛い」ことが多いのも事実です。「楽しみを創り、楽しく・イキイキと過ごす」にはどうしたら良いか、それには人間の性である「生きることは苦しさがつきまとう」ことについて考えなければならないと思います。

人は誰でも自分自身を成長させ、将来「自分のしたい事をしたい」と思っています。そのために「(好きでない？)勉強・仕事」や様々な「経験・体験」を自らに課して努力をしています。そのプロセスには、様々な「喜怒哀楽」や「艱難（かんなん）辛苦」が待っているのも事実です。それを超えたところに「人としての成長」がある、それが人生だと思います。その辛さを避けることはできないと受け止め、できる限り前向きにぶつかっていく術を身につける、ダメでもともと考え挑戦してみる「楽天的思考」「ポジティブ・プラス思考」等を身につけたいものです。一方、「悩む」「苦しむ」ことも自分自身の成長にとって大事なことと受け止めることも大事です。そのプロセスのない「楽天的思考」等は、逆に「逃げる・避ける」ことにつながり「薄っぺらな人」になってしまいます。その理由は、「悩む」「苦しむ」ことは「考える力」や「思慮深く」なる力を養ってくれるからです。神様が自分に苦しみを与えているのは、もっともっと苦しめば「自分はやがて成長し、輝かしい未来がやってくる！」と思えば気が楽になります。苦しい時には「春の来ない冬はない」「朝の来ない夜はない」と思って、「春・朝＝光」に向かっていけば、辛さや苦しさも「和らぐ」でしょう。時には「なんで自分だけが悩まなければならない？」と、原因を「自分以外のせい」にしたりすることがありますが、それは「逃げている」ことと同じです。人のせいにせず「自分のせい」にする訓練も自身を大きく成長させてくれると思い、「創楽力」を身につけ「楽しく学び・働く」ようにすれば「イキイキ生きる効果」は倍増します。自分のモチベーションは「自分で高める」しかないのです！　その工夫はどうしたらよいかを常に自問自答し、勉強・仕事を「楽しく・好きに」なるよう努力していきませんか！　そうしたら人生が変わります。困難に直面した時に、「好きになる・楽しむ」の二つがあれば必ず乗り越えられる！　と信じましょう。

辛くて・苦しい時こそ「笑顔づくり」で楽しく！

「苦しく・辛い」時に、皆さんはどのように切り抜けようとしていますか。受動的に「なすがままに」していたら長時間になり、自発的に抜け出そうとすれば早く脱出できます。その方法は「自発的に笑顔」を作って過ごすことです。「笑う門には福来る」という諺のように、「笑顔は心身を健康に」させてくれる、と科学的にも証明されています。通常、笑顔は内面的な心の表れですが、「外面的」な笑顔を意識的に作り、振舞っていけば「内面（心）」も笑顔になっていきます。前者をインサイドアウトという表現で言い表すとしたら後者はアウトサイドインになります。通常はインサイドアウトで笑顔が出るものを、アウトサイドインという「外から内を変えていく」ことも可能です。「外側が晴れ（笑顔）になれば徐々に内側も晴れ（笑顔）」になるのです！ 姿勢も「背筋を伸ばして」歩けば気持ちにも張りが出る、背中が丸まっていれば気持ちが暗くなるのと一緒です。米大リーグ入団時の写真で、「笑顔であった選手のほうが、普通の表情の選手よりも選手寿命が長かった」という研究結果もあります。まさに「笑顔は妙薬」であり、自分自身への「笑顔でのホス活」が大事である証拠です。

窮すれば通じる！　考えに行き詰まったら歩く！

皆さんは、何かに行き詰まったらどうしていますか。部屋に閉じこもって悶々としている、音楽を聞く、映画を観る、旅に出る等、それぞれ人によって解決方法は異なるでしょう。私はウオーキングに出かけます。京都に「哲学の道」があることをご存知と思いますが、明治時代に多くの学者や文人が散策路として歩いた道で「文人の道」「思索の道」とも呼ばれてきました。私は凡人ですからそのような学者や文人でもありませんが、「散策する大きな効果」だけは実感しています。私は子供の頃より国語が苦手で、大学受験時に親から言われ朝日新聞の「天声人語」の要約を1年間毎日ノートに書く訓練をした記憶があり、この本の執筆にも乏しい頭を絞りながら、日に7〜8時間パソコンに向かい原稿づくりと戦ってきました（ふりかえったら本2冊分書いてしまい削除に苦労）。朝5時から朝食・昼食をはさんで取り組んでいると午後3時過ぎには頭が「ボーっと」してきます。そこで4時頃から約2時間（10〜12キロ）のウオーキングに出かけます。そうするとパソコンに向かっていた時には考えつかなかった「新しい発想」が違う角度から次から次に湧いてくるのは不思議です。思えば現役時代に提案した業界初の企画やキャンペーンについてもこのウオーキング時の発想でした。環境を変えれば新しい考えが生まれる、考えに行き詰まったらその場を離れてみる、異業種の人と交流してみる、このようなことをお勧めします。

●自分の「夢＝ライフデザイン」は楽しみながら考える！

夢や構想のない人生はつまらないと思いませんか。何かになりたい、何かをしたいという夢や構想があれば「生きることが楽しく」なります。自分のライフデザインを考えるときに、第一段階では「楽観的（大胆）に楽しく！」夢を描き、第二段階では「悲観的（綿密）に計画」し、そして第三段階では「楽観的（楽しく）に実行する！」ことが成功につながります。これを逆にとらえると成功はおろか自分を苦しめることになります。このステップで取り組み、状況に合わせて常に柔軟に対応することも肝要です。始めなければ始まらないわけですから、「やるぞ！」と決めたらできるところから着々と進んでいくことです。そうすれば夢や構想はきっと叶うに違いありません。「着眼大局、着手小局」も同様、「着眼（発想）は大きく楽しく、着手（実行）は綿密に楽しく」で、ダイナミックにチャレンジしていきましょう！

5　人生は4段ロケット時代

「人生百年時代」と言われ、２０３０年代に３人に１人が65歳以上になります。２０４０年には平均寿命が86歳、健康寿命が76歳になり、この10年の差を縮めていくのも大きな課題です。人生設計が増々大事な時代になりました。「天地は万古有るも、此の身は再びは得られず。人生は只百年なるのみ、此の日最も過ごし易し」（菜根譚）と言われ、「人生はたった一度きりで、絶対に過去には戻れない、しかも生きて１００年なので、今を大事に過ごすこと！」という教えです。

私は高校時代「人生は3段ロケット」と思っていましたが、皆さんはご自身の人生プランをどのようにお考えですか。私が当初考えていた3段ロケットは、1段目（学んで力を蓄える時代）、2段目（学んだことを社会＝実業界で活かす時代）、3段目（老後を楽しく過ごす時代）でした。しかし、時代の流れから4段ロケットに大きく変わりました。私が尊敬していた大学ゼミの担当教授（後に学長）からの「人生は様々なチャンスがあり、活かすも殺すも君次第だ！」という教えもあって、1・2段は同様ですが、3段目が4段目に移行して新しい3段目が付け加わりました。その新3段目とは、「実業界で蓄えた経験を他に活かす時代」で、私の場合は「大学教員」でした。この選択は大正解でした。

これからは2段目ロケットで培った知識・技能・人脈等を国内外で3段目ロケットとして活かすことができる時代です。年代を大きく分けるとすれば、1段目（約25年間）・2段目（35年間）・3段目（15年間）で年齢は75歳になり、その後の4段目（20〜25年）で、「人生百年」になります。

私は70歳で3段目が終了して、現在は4段目として位置づけ1〜3の集大成の時代として本の出版や旅行を楽しんでいます。多くの同世代の友人の年賀状には「孫と遊ぶのが生きがいです」と書かれていますが、私はそれを同時進行で楽しみ、まだまだ気力・体力は50代と自負しているので「企業の従業員教育・講演・社会人講座・国内外の旅」等を楽しんでいこうと思っています。文書にも「起承転結」という書き方の方程式があるように、人生も同様に「起＝1段目、承＝2段目、転＝3段目、結＝4段目」があると思っています。これが私の「創楽力」です！

●時には自分に暗示をかける必要も！

皆さんは、いつも綿密な計画を立ててから行動に移すタイプですか、それとも行動が先で動きながら考えるタイプでしょうか。時にはあれこれ考えずに「これは面白そうだからやってみよう！」という姿勢も、また「これはきっと自分にできる！」と自分に暗示をかけることも必要です。実はこの本の出版も人に勧められ私には自信がなかったのですが、何とかなるのでは！　と自分に暗示をかけスタートしました。その原動力は今日までの「不完全燃焼」があったからだと思います。現役時代に大変お世話になり私が尊敬する元上司（専務）は、「生涯現役」という考えで80歳の今でもスーツにネクタイ着用で会社の顧問業務や自分のオフィス仕事を頑張っていて、その姿を見ると頭が下がります。私も、先日体重計に乗ったら「体年齢56歳」という表示が出たので、まだその年齢であると自己暗示をかけ、私にとっての定年は「創楽力」がなくなった時であると思って、先輩方に負けないような生きかたをしたいと思っています。

6　「笑《ショウ》・姿《シ》・楽《ラク》・挑《チョウ》」の実践で若返り

誰でも「若くいたい・見られたい」という願望を持っています。この本を読んでくださる皆さんにお金をかけずにそれができる方法を教えます。そのキーワードは「笑→日々笑うこと」「姿→背筋を伸ばして歩くこと」「楽→何でも楽しむこと」「挑→何かに挑戦すること」の実践で、若返りが可能になります。

〈15歳若返る方法〉

笑顔で5歳……ニコニコづくりは、全てに大きなプラスを生みます！

姿勢で5歳……背筋を伸ばして、前方を見て歩きましょう！

　前のめり歩きは老化の現われ（背中は心の現れ）です。

楽しんで2・5歳…小さな楽しみを一日に一つ見出すことです！

　（友人と食事をする、孫と楽しむ）楽しい想い出は足し算で、つらい・いやな想い出は引き算で（忘れる）！

挑戦で2・5歳…小さなことでもよいから何かを始めることです！


〈参考〉さらに緑黄色野菜ならず、「緑黄色衣類・服装（原色）」を身につければさらに5歳若くなります！　逆に「でも・いや〜・しかし」（デモ行進愛好者、なんでも否定的な考えの人）で15歳年取って天国に近づきます！「できない理由を探す前に、どうしたらできるかの方法を探すことが大事」です！

7　辛い時にこそ「楽しみ＝光（夢）」を見つける

苦しく辛い時に「楽しさ」を忘れがちになります。苦しさの先には「必ず楽しさが訪れる」と信じる、そうすれば苦しみも半減するでしょう。人は弱いもので苦しい時に「楽しみ＝光（夢）」をなかなか考えられないのも事実です。でも、考え（見つけ）られる人になれたら「気持ちを楽（ラク）」に生きていける人にもなれます。私の高校時代、吉永小百合さんの「寒い朝」という「北風吹き抜く　寒い朝も　心一つで　暖かくなる」の歌が流行りましたが、辛かったときにその歌を歌いながら田舎道を自転車で通学したことを覚えています。辛いと思ってばかりいたら辛くなる、やがて楽しいことがやってくると思えば、心が雨から曇りに、やがて晴れになる！　と信じて、勉めて「明るく・楽しく」生きていきましょう。

●「壁にぶつかった時」に口ずさんだ歌！

「山羊にひかれて」というカルメン・マキさんが歌った歌をご存知でしょうか。この歌は私が学生時代から大好きな歌でよく口ずさんでいました。作詞された寺山修司さんはこの詩を通じて何を訴えたかったのでしょうか。多分、「人は苦しい時」に旅に出る、旅は楽しむことだけではなく「自分探し」につながる、と伝えたかったのかもしれません。

私も気ままな旅が大好きで、学生時代によく一人旅に出かけました。大学2年の秋に東北地方に無銭旅行に出かけ、福島県二本松の農家で稲刈りを、青森県弘前のりんご農家ではりんご作業をした経験があります。この経験は後の人生で大きな財産になったので、よく学生に勧めてきました。多忙時には「忙」という字の如く「心を亡く」し、自分を見失う結果にもなります。自分とじっくり向き合うには一人旅が最良です。旅に出れば「なんであんな些細なことを悩んでいたのか」「こうすれば問題は解決するのに」と、その悩み・問題が消えて進むべき光（夢）が見えてきます。

●「〝楽しい光〟を求めて」思いをはせる！

壁にぶつかった時には、壁の向こうに「楽しい何か」がある、山の向こう側にある〝楽しい光〟を求めて思いをはせてみる、そうすれば気持ちが上向いていきます。

人はいつも順風満帆に生きてはいけません。目の前の大きな「壁を打破」し、大きな「山を越えて」いかなければならない時があります。苦しい時にその歌を口ずさむと不思議と癒されたことを思い出します。歌詞は以下のとおりですが、「山のむこうになにがある」「大草原に吹く風まかせ」という部分に気がひかれたようです。苦しい時こそ遠くを見る、この苦しさを乗り越えたら「きっと素晴らしい〝光〟が待っている」と思って過ごせば気分が楽になります。これこそ「創楽力」（苦しい中に将来の楽しみを創り出す力）です。自分にとって「創楽力」につながる何かを持つようにしたら、苦しみや辛いことを乗り越えられ、人生は楽しく生きていけます！　歌でもスポーツでも旅でもなんでもよいのです、自分に合った「創楽力」につながるものを見つけることを勧めます。

山羊にひかれて　ゆきたいの
遙かな国までゆきたいの
しあわせ　それとも　ふしあわせ
山のむこうになにがある
愛した人も　別れた人も　大草原に吹く風まかせ

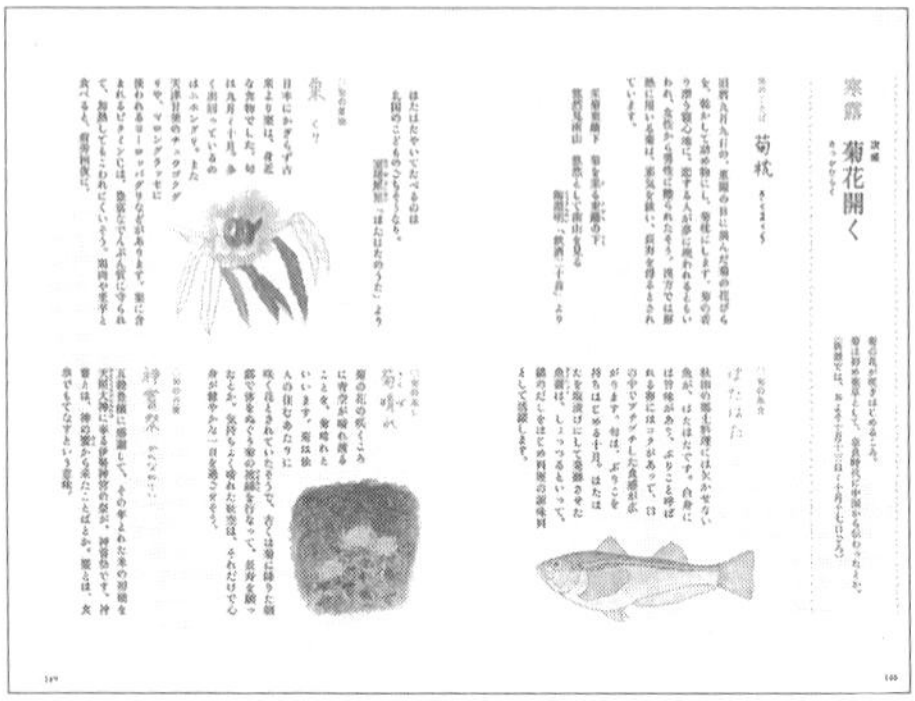

「日本の七十二候を楽しむ」（東邦出版）

「三色すみれ教室作品」

山羊にひかれて ゆきたいの 思い出だけを
道連れに
しあわせ それとも ふしあわせ それをたず
ねて旅をゆく
（作詞：寺山修司 作曲：田中未知）

8 日常生活の中に「四季を楽しむ」時間をつくる

時には自分自身の「休息」も大事です。一息いれる趣味やルーティーンを持っていれば日常生活にイキイキ感が出てきます。私は趣味らしいものを持っていませんが、一息つける趣味は「旅行」で、ルーティーンは「オーガニック野菜づくり」です。仕事で疲れた時に1週間程度の旅行に出かけたり、2～3時間畑に出かけたりすると「新しい考えや発想」が浮かびリフレッシュするのはとても不思議です。また、ウオーキングを20年近く実施しています（14年間で

4万km・地球一周歩きました）が、風景や草花等の春夏秋冬の季節を感じることができます。今日まで世界60カ国・地域を訪ね、日本ほど四季に恵まれ安心で安全な国はないと実感しました。日本は古くから「花鳥風月」を愛でて過ごしてきた民族で、「万葉集」「源氏物語」等数多くの文学作品に自然の素晴らしさを詠んだり書いたりしてきました。平成から令和の時代に移り、「令和」も人々が美しく心を寄せ合うなかで美しい文化が生まれる、と言う意味がこめられているようです。私たちの祖先が残してくださった素晴らしい作品を紐解き非日常生活を味わってみましょう。

3 「人間関係力」を磨き・高める

この世で一番難しいと言われているのが「人間関係」です。家庭でも「親子・夫婦・親戚」間の人間関係はとても難しく、悩んでいる人も多いでしょう。私の経験上、職場での退職理由の約8割は「人間関係」と思います。日常生活でも、ホス活によって周囲に気を配り、人を好きになる努力をしていけば人間関係が改善し毎日が楽しくなります。その磨き方と、それを高める方法を考えていきましょう。

A 職場でのホス活

1 良好な「コミュニケーション」をとる方法

皆さんは、良い人間関係づくりができていますか、もしそうでなかったらそれは何が原因だと思いますか。人間関係づくりは「日ごろのコミュニケーションが取れているか」どうかも大事です。まず以下の「話し方」「伝え方」について考えてみましょう。

a. 相手の現在の「気持ちを想像」してから話す。
b. 自分が「思ったことを直ぐに言葉に」しない。
c. 自分が言われて「嬉しい言葉」を探して話す。
d. 相手に「印象に残る言葉」を探して話す。
e. 相手の「行動を引き起こす言葉」を使って話す。

〈相手のやる気を引き起こす言い方〉

○「鈴木さん、企画書読みました。なかなか良くまとまっていましたね！　ありがとうございます。いつもあなたには期待していますよ！」

〈スタッフをねぎらう挨拶〉

○「私は素晴らしい皆さんと一緒に仕事ができ、幸せです！　皆さんを誇りに思っております！　今期も目標達成でき、皆さんの潜在能力を改めて思い知らされました。皆さんの努力に乾杯です！」

〈メールでのやり取り〉

○「お誘いありがとうございます。Aさんからのお誘いにはぜひと思っているのですが、あいにくその日は都合がつかず申し訳ございません。次の機会にはぜひぜひ参加させてください！」

〈街角のカフェで〉

×「出来上がりまで3分ほどかかりますが、お待ちいただけますか？」

○「出来立てのものをお作り致しますので、5分ほどお待ちいただけますか？　急いでお作りします！」『いれたての美味しいコーヒーをどうぞごゆっくりお楽しみください！」

●自分の都合で話さない！

会話とは相手の「話に会（合）わせる」ことで、一方的に自分の考えを主張することではありません。相手の話のバックグラウンド（立場・状況）やニーズをよく理解し、相手は「話を聞いてくれるだけで良い」のか「相談に乗って欲しい」と思っているのかの判断が大事です。とかく人は「自分にとって都合のよいように考えて話そう」とすることがあります。営業でも「自社商品の専門用語」でお客さまに伝えようとしたら理解してくれません。また自己主張の強い人はコミュニケーション能力が低いといわれていますが、自分ではそう思っていない場合があるので厄介です。まず、相手のことを理解し自分の「主張は控え目に」わかり易く伝える、そうすれば相手が自分を理解してくれるようになります。

これは頭の良し悪しとは無関係で、「相手が何を言わんとしているのか？」を「耳＋目＋心」を使って「聴く」ことで解決します。

2 毎日一点、誰かの良い点を見つけ出して褒める

良好な人間関係づくりの特効薬は「褒めること」です！　このような特効薬があるのに、「褒めない」のはなぜでしょうか。人は他人の「長所」を探すことよりも「短所」を見つけ出す力のほうが優れているのかもしれません。「褒め上手」になることは人間関係を円滑にする有効な方法なのに、それが苦手な人は「褒めることを見つけられない人」「人の未熟さや欠点を見つけ出すのが得意？　な人」＝好感力の低い人でもあります。誰にでも必ず「褒めるに値する長所」はある、と考えを改めれば「褒める部分」は必ず見つかります。仕事場で様々な人と仕事をすると他人の短所が見えがちになるので、なるべく長所を見つけ出すことです。他人の「長所を見つけられる人は仕事が出来る人」で、「短所ばかり探す人はおろかな人」と思うことです！　ここに気づけば職場での風通しが良くなり「働きやすい職場」になります。これは

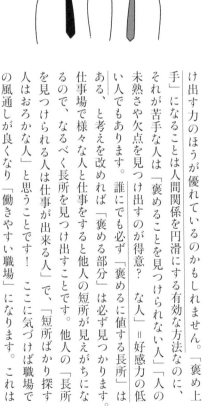

学校でも同様です。家庭でも親が子供を褒めてあげればやる気がアップして成績が向上していきます。褒められることが少ない人は「人を褒めていないから」です。今まで褒めることをしなかったご主人が急に奥さまのことを褒めると「下心があるのでは？」と、誤解も生じます。褒めることは「下心や媚びを売る」「ご機嫌を取る」こととは全く異なります。相手の良いところを見つけ出したら「思ったことを正直に表現する」ことが正しい褒め方です。褒めるタイミング・場所・状況などのTPO（時・場所・場合）に配慮することも大事で、これが実践できれば人とのお付き合いや人間関係がぐっと好転していきます！

●褒めることで能力を引き出す！　人財育成にも大事！

皆さんは女子マラソンで多くのメダリストを育てたマラソンの小出義雄監督をご存知と思います。監督は私の高校時代の体育の先生でした。私も先生にはお世話になりました。ホテル勤務時代に講演で来館され、その後に何回かお会いする機会がありました。先生は「褒めて育てる」という関連本も出されているので聞いてみたら、「目標や夢を持たせることが大事で、僕は走る楽しさを教えているだけ！」という答えでした。アスリートに必要な資質は何ですか？　という質問には「ホテルと同様に笑顔を作れることが最も大事だよ！」と、その答えには驚きました。それは「有森選手もQちゃん（高橋尚子選手）も笑顔があったからメダリストになれたんだ！」と、その理由を聞いたら、「42キロのうち一番苦しいのは35キロ近辺、その時が自分との戦いで一番苦しい時なので、その時に笑顔が出れば自分との戦いに克つことができる！」とのことでした。大事なことは「選手の潜在能力を引き出すには褒めて育てること！」「言いにくいことも前向きな言葉で伝え、フィードバックとコーチングを！」ということも教えていただき先生には大変感謝しています。残念ながらつい最近お亡くなりになり心よりご冥福をお祈りしています。

●褒める方法は？

ほめ言葉を多く身につけて「褒めながら」良いコミュニケーションをとりたいものです。同居家族にも気配り（髪形を変えたとき、服装を変えたとき）を忘れずに！　それは「ほめ言葉の数」で、楽しさ、喜び、人間関係の良否が決まるからです。中には「褒めると相手は調子にのる」という人もいますが、ＴＰＯを十分わきまえればその心配はありません。褒めるには、積極的に「その種を見つけ」ようと努力することです。

a. 褒めるときは正面から堂々と。
b. 不自然ではなく「ありのまま」に。
c. うまく褒めようとしない（裏心があるのでは？とみられる）。
d. 本人・周りが気づかないところを褒めてあげる。

e. 相手の自信につながる褒め方をする。
f. 直接でも第三者を通じてでもＯＫ（叱るときは第三者を通じてはＮＧ）。
g. 家庭内でも「気づいたらその都度」褒める。

●「ほめ言葉」を多く持つ！

「ほめ言葉」の５Ｓ＝凄いですね！　素晴らしいですね！　流石ですね！　素敵ですね！　そのとおりですね！

「歌が上手ね、感動しました！」「季節に合った洋服、素敵ですね！」「おしゃれで、センスがいいですね！」「一緒にいるだけで元気が出ます！」「君の料理は最高だね、いつも自慢しているんだ！」「理科の点数70点とれたんだ、もう少し頑張れば80点とれるよ！」等。

●可愛がってもらえる人に！

あなたは周りの方から声をかけてもらったり誘ってもらったりする人ですか。可愛がってもらえれば人間関係ばかりでなく仕事もできて評価も高くなります。いくら学力が高い人でも、上司・同僚など周囲から「あの人なら協力してあげたい！」「あの人となら一緒に食事をしたい！」と言ってもらえなければ、仕事もうまくいきません。既述のようにこの世は学力でなく「好感力や可愛がってもらえる力」を備えた人のほうが高評価をもらえます。それには、いろいろな人と「分け隔てなく」お付き合いすることです。できる限りノーと言わず、断るときには「誘っていただき嬉しいですが、あいにく先約があり」や

「次回にはぜひ！」という言葉上の配慮が必要です。昔から男は「度胸」、女は「愛嬌」と言われ、それは一理あります。愛嬌をふりまくことは「腰軽女」と誤解されることがありますが、それはＴＰＯをわきまえずに振舞うからです。深入りせずに「さらり」と対応する、裏千家に「淡交会」という組織がありますが、このように紳士淑女の「淡い交わり」を心得ていればよいのです。

3「アンガーマネジメント＝怒りを抑える」対策

近頃、「あおり運転」「クレーマー」等のニュースが多く報道されていますが、その原因の多くは「怒りを収めることができない人」が多くなったことかもしれません。ちょっとしたことで「感情的になって」怒ってしまった、怒ったことで相手を「傷つけてしまった」など、後で悔やむことがあります。多くは当人に原因がありますが、周囲との「感情のギャップ」や「ミスコミュニケーション」の場合もあります。このような一時的な感情がもとで良好な人間関係が崩れてしまうことがあるので注意が必要です。

その対策として、怒りの感情が湧いてきたら「6秒間大きく深呼吸」する、その際は相手の顔を見ないで遠くを見る（自分の好きな食べ物がそこにあると思って）。そうすれば怒りの感情が「好きな食べ物」に向かっていくので怒りは8割がた消滅するでしょう。「ここで自分が相手に怒りをぶつけたらこの先どうなるか？」や「相手の立場・心情はどのような状況か？」など、相手の気持ちを察することができれば優れた人です。このような訓練をしていけば常に良好な人間関係が構築できます。

4 外国人とのコミュニケーションと異文化理解

今やダイバーシティ・グローバル・大交流時代で、職場・パーティ・街中等の多くの場所で数多くの外国人と出会い一緒に仕事をする時代になりました。やがて自分の上司が外国人ということもあるでしょう。東京五輪やインバウンド4000万人時代を目前に控えこの傾向は増々進んでいきます。外国語だけでなく外国文化を理解しなかったら生きていけない時代です。ホテルでは世界から様々な国の方々が出席する国際会議のウエルカム・フェアウェルパーティで、コックさんの料理の準備は大きな仕事であると同時に大きな悩みです。ベジタリアンをはじめハラル（イスラム教徒）・コーシャ（ユダヤ教徒）料理等それぞれ準備が必要です。宗教の違いから食事への配慮として、イスラム教徒は豚肉・アルコールはNG、ユダヤ教徒は同じ魚類でも「鱗とヒレのついた魚」しか食べない（鮭・いくらはOK、キャビアは鱗のないチョウザメの卵なのでNG）です。日本人をはじめ多くの仏教徒は殆どの食材は食べますがミャンマーの仏教徒は「牛肉は食べない」等、配慮が必要です。これもゲストに対するホス活です。また、今後は「多文化共生」が求められる時代で、それは「国籍や民族などの異なる人々がお互いの文化的ちがいを認め合い、対等な関係を築こうとしながら地域社会の構成員として共に生きていくこと」（総務省）とされています。これを理解していかなければ外国人との良好な人間関係も築けませんし、お互いの「文化・慣習」をはじめ、結婚・衣食住・生活様式・余暇の過ごし方等の「生活文化」にも、深い理解が求められます。その際、日本人と外国人との間に目に見えない「考え方」の違いがあるので「譲り合う気持ち＝相互理解・扶助」が大切になり、まさに「外国人に対するホス活」の実践が必要です。

(それぞれの国の気質を表す)「船が難破時の船長の促し言葉」!

世界から多くの国の人がクルーズ船に乗り合わせ、船が難破した時に、船長は「船から海へ飛び込むように！」と促しました。

英国人には　　　「飛び込めばあなたは紳士になれます！」
イタリア人には　「飛び込めばあなたは女性にもてるようになります！」
ドイツ人には　　「規則ですから飛び込んでください！」
フランス人には　「皆さんは飛び込むのをやめました！」
アメリカ人には　「飛び込めばあなたは英雄になれます！」
日本人には　　　「皆さんは飛び込んでいます！」

これは笑い話ですがそれぞれの国民性をよく表していますね。特に日本人は他の人と一緒の行動をしたがる特性があると言われています（他人指向性）。ご注意いただきたいのは「〇〇人は〇〇だ！」と決めつけないことです。

外国人と一緒に仕事をするときの注意！

「外国人雇用状況の届出状況」（厚労省）によれば、外国人労働者数は増加の一途をたどり146万人（'18・10現在）が日本で働いているようです。皆さんの中には既に外国人と一緒に働いている方も多いと思いますが、言語上の問題も将来は「耳に小さなチップをはめ込んでお互いに母国語での会話」をする時代になるでしょう。しかし、日本人にとって「以心伝心・あうんの呼吸」等の言葉は分かりますが、外国人には通じないと思ったほうが良く、私たちが当たり前に思っていることでも文化・考え方・習慣の違いからミスマッチが起きます。日本人は相手をおもんぱかるために、ハッキリ言わずに「できれば・可能であれば」等の婉曲的な表現を使う人も多くいます。「早くやってください」ではなく「○月○日○時までに完了してください」等、具体的な日時を伝えることです。時には、伝えたことを相手が理解してくれているのか否か「復唱」してもらい確認することも大事です。初めての作業・仕事をお願いする時には手本を見せて分かるまで指導することも大切です。「やってみせ、言って聞かせて、させてみせ、褒めてやらねば、人は動かじ」（元連合艦隊司令長官・山本五十六）は、リーダー心得としてだけでなく外国人との素晴らしい人間関係づくりの方法にもなります。

B　家庭でのホス活

1　家族でも挨拶と褒め合いを

皆さんは家族同士の挨拶や褒め合いは出来ていますか。これは家族間の「絆」を深めるだけでなく家族関係を良好にさせてくれます。結婚して家族が徐々に増えてくるにしたがって「家族間の距離が離れていく」ことを多くの人は経験していることでしょう。それは家庭内での「挨拶や褒め合い」がないことも一因です。私は企業幹部や従業員教育時に「皆さん、奥様の料理を良く褒める方は挙手願います」と声をかけると、なんと挙手する人は10％ほどで驚きます。そこで「奥さまの料理を褒められない人は同僚や部下を褒められません！」と、お話します。同僚や部下と良い関係を保つには「挨拶と褒める」ことです。褒めることは認めることなので、相手の「承認欲求」を満してあげることにつながります。大学の授業でホスピタリティの話をし続けて12年、約4000人の学生が受講してくれましたが、「先生の授業での話を家庭内で実行したら、家庭内での会話が復活しました」「父親（母親）と冷戦状態であったのですが挨拶がきっかけで好転し今では何でも話す仲になれました」と、これも「ホス活」の効果だと思います。このように「相互の挨拶・褒め合い」で、家族同士仲良く過ごせるようになれます！

●「好きになる」こと！

人を「好き」になればイキイキしてきます。そうなれば人の悪口・ウワサ話・グチを言いません。そんな時間が勿体ないからです。傲慢にはなりませんし、変な自慢もしません。人を「信じる・信じられる力＝相互信頼」を持てます。夫婦げんかは愛の交換（？）と思うことです。配偶者が小言を言うのは期待の表れと思い「自分はそんなに愛されているのか！」と思えばいいでしょう。時には、い・い・加減な生き方をすることも大事です！

今は会話が少なくなった夫婦でも、昔は「好き」で結婚したのです。いやになったら初デートの時を思い浮かべるのも良いでしょう。そうしたら当時の思い出がよみがえって再び良好な関係に発展していくことは間違いありません。

『いい夫婦　今じゃどうでも　いい夫婦』（川柳）からの脱却を図る努力をしましょう！

●家庭でのホス活

〈子供の成績表〉

×「なんでこんな成績なの？　近所の○○ちゃんは遊ぶ前に宿題をちゃんとしているから良い成績が取れているのよ！　あなたもそうしなきゃだめ！」（母親）

○「1学期より10点良くなったね！　もう10点上げるにはどうしたらよいかな？　あなたならできる、とお母さんは思うよ！」

〈入試前の子供へ〉

×「あなた大丈夫なの？　私心配で倒れそうよ。本当に大丈夫なの！」（母親）

○「長い間頑張ってきたね！　どのような結果が出ても、その結果はあなたにとってベストな道だよ！　あなたの力を信じていますよ！」

〈奥さまへのメール〉

×「ごめん、やっぱり今日は家で夕ごはん食べられなくなった」

○「いつも夕食の準備ありがとう。たった今、部長から急な仕事を指示されて、家で食べられなくなってしまった。せっかく作ってくれた食事は、明日の朝食でいただくね！」

●近所でのホス活！

近所でペット連れの人を見かけることが多くなりました。近所同士で知り合いになったきっかけの理由として「ペットが仲介になった」と聞くことがあります。引っ越してきて近所に知り合いがいないのは「いざ」という時のことを考えると心配です。数人の近所づきあいがあれば様々な場面で心強いものです。それにはペット連れの人に出会ったら「ペットに向かって笑顔で手を振る」ことです！　自分が逆の立場であれば「自分が可愛がっているペットに興味・関心を持ってくれた」と考え、とても嬉しく思うでしょう。怖そうな住民でも「お宅のペットは可愛いですね」と言ってあげれば怖い顔が急に笑顔になることもあります。たとえ可愛くなく（？）ても「嘘も方便」という諺どおりです。時には多少実際とは異なっていても大げさに対応すれば思いがけない効果が出ます。これも処世術の一つと考え「良好な人間関係づくり」につなげましょう。

2 相手が自分に「おもてなし＝喜ぶこと」をしてくれたら、「2倍喜ぶ」

相手に喜んでもらう為に何かをしてあげた時に、自分が思っていたこととは反対に「あまり喜んでくれなかった」経験は誰しもあります。例えばプレゼントを渡した時に「笑顔を見せてくれない人」もいます。このような人は「相手の気持ち」を察することができない人です。「相手を思いやる」気持ちこそホスピタリティです。このプレゼントを選んでくれた過程には多分「多くのご苦労が！」と、相手の気持ちを察することが良好な人間関係につながります。プレゼントをいただいたらすぐに「わー、ありがとうございます！」「前から欲しかった品です！」と、「！＝感嘆符」で喜びを表すようにすることです。そうしたら次回にはもっと自分のことに気を配ってくれるに違いありません。逆に「あまり喜んでであげなかった」ら、次回のプレゼントは期待が持てなくなるでしょう。このように「ホスピタリティ＝期待以上の気づかい」と理解し、贈られる側と贈る側双方とも「喜びを2倍」にする気持ちが大事です。このような積み上げで相互の信頼・理解が高まり相互の関係が増々深まっていくことになります。「人間関係がうまくいかない」と思って、毎日が「グレーライフ」と感じている人は、「喜ぶこと×2倍」を実践すれば悩みは解決します。

●苦手な人こそ避けずに近づく！

誰だって、自分にとって「苦手な人」と思う人は数人います。そのような人に出会うと、避けて通りたいものです。でも、その人が生活上で必要な人である場合は、いつまでもそのような関係が続くのは良いことではなく、それがストレスの原因にもなります。相手も自分のことを苦手と思っている場合が多いので、今までの関係が嘘であったかの如く、思い切って明るく「こんにちは！」と笑顔で挨拶してみると、意外に相手も挨拶を返してくれるかもしれません。「案ずるより産むが易し」です！　特に嫁ぎ先のお姑さんが苦手であると思っているお嫁さんは、思い切って「お姑さんに甘えてみる！」ことです。苦手な上司・先生がいる人は思い切って「近づいて話しかける」ことです。相手の懐の中に飛び込むと同時に、逆に「相手を自分の懐の中に入れ込んでしまう」ことです！「片思い」も同様です。苦手だと思う人にこそ、より前向きに挨拶や話しかけをすれば人間関係が円滑になります。勇気を出して「エィヤー！」と「ダメもとの気持ち」で、苦手な人へのホス活をしてみましょう。

●「お陰さまで」の心・気持ちを持って言葉に表す

授業時に韓国からの女子留学生に「日本には『おかげさまで』という人間関係がうまくいくとても良い言葉がある」「人から何かお祝いなどを言われたらこの言葉を使うように」と話しました。数カ月後に「先生、アルバイト先や日常生活で『おかげさまで』とい

「見かた」を変える!

う言葉を使い始めたら皆から好感を持ってもらえるようになり、人間関係がとても良好になりました、ありがとうございました！」と報告がありました。「お陰さまで」の言葉をクセにしていくことを勧めます。

●多面的な見方で、他人の「良さ」を見出す！

いろいろな人と生活（仕事）をしていると、とかく他人の短所が見えがちになります。なるべく「他人の長所」を見出すようにしましょう。他人の長所を見つけられる人は「良好な人間関係づくりが出来る人」で、他人の短所ばかり探す人は人間関係づくりはおろか「可哀想な人」と理解することです。同じ花でも上からだけでなく、横や下から見たら、その美しさが変わり新しい発見があります。それと同様に様々な角度から相手の良さを見てあげるようにしましょう！（写真の花はまったく同じ花ですが角度を変えると、違う美しさが発見できます）

3 夫婦仲良く！ 思いこみを捨てる

夫婦であれば相手が察してくれて当たり前、考え方や価値観は一緒であるべき等の思いこみを捨てることも大事です。共稼ぎ夫婦が多くなっている今日、「なぜ夕食の準備ができていない？」「おかずこれだけ？」等は禁句です。また、楽しく生きていきたいと思っているのに、二人の生活を楽しく過ごせなかったらどうなるでしょうか。水前寺清子さんの歌を例に、楽しみは「向こうからは歩いてこない」、だから「自ら（二人）が摑もうと歩いていく！」ことが大事です。二人が出会った時は「お互いに100％誤解」、そこから相互理解・扶助の努力をして、誤解が「理解」へと進み、その理解が60～70％位に進んだ頃に結婚へと進み、さらに結婚生活で80％↓90％以上に向けて徐々に努力をしていく、これらの作業で最も大事なことが「夫婦間のホス活」です。また、夫婦間の仕事の分担も大事です。『ゴミだし日 捨てに行かねば 捨てられる』（川柳）にならないためにも！

● 夫婦の持続的友好関係づくり！

夫婦間の会話で、ご主人が奥さんの話（愚痴）を聞いてあげることも大事です。その時は「聴く」ではなく「聞く」姿勢のほうがご主人のストレスにならないのでベターです。奥さんの愚痴を「真剣に聴く」人はいないと思います。奥さんにとっては自分のストレスを発散するために「誰かに聞いてもらいたい」と思っているわけですから、「うん、うん」とうなずきながら奥さんの一方的な話を聞いてあげ決して反論はしないことです。反論すると「火に油を注ぐ」結果になります！『円満は　見ざる　言わざる　逆らわず』（川柳）のように、時には「聞き流す」ことも夫婦円満や持続的友好関係づくり（ホス活）にとってはベターです。

●夫婦・高齢者・職場等に関する「サラリーマン川柳」

『パパお風呂　入れじゃなくて　掃除しろ』　『「離さない！」　10年経つと　話さない』
『プロポーズ　あの日にかえって　ことわりたい』『オレオレに　亭主と知りつつ　電話切る』

これらは毎年第一生命保険が行っている「サラリーマン川柳」（文中の『　』の川柳は全てここから引用）について夫婦・高齢者に関する川柳をピックアップしてみたものです。思わず吹き出してしまうもの、他人事では済まされないものなど、皆さんにも心当たりが多くあるかもしれません。最初は「好きで」結婚した者同士でも時の経過とともにこのような姿になるのは、寂しい気もします。どうしたら良好な夫婦仲を保っていけるのか、その方法の一つに「共通の趣味を持つ」ことと「全く異なる趣味を持つ」こと！　これは矛盾に思われるかもしれませんが、これらを5対5に持てればうまくいくはずです。どちらかに偏るからうまくいかない、と私は自分の経験から自信を持って言えます。前者は「お互いに楽しむ」、後者は「それぞれが勝手に楽しむ」ことでうまくいく、もし10対0、0対10であれば難しいでしょう。ぜひこのような考え方で夫婦仲よく過ごしていただければ幸いです。

4 〝楽しく〟学び、「学ぶ力」を磨き・高める

皆さんは学校に通うことが好きですか、それともいやですか。いやだと思う人は「〝楽しく〟学ぶ力と方法」が身についていないからです。その力・方法を身につければ「学ぶことがぐんぐん楽しく」なり大きく成長していきます！

1 「勉強」とは？ その意味をご存知ですか

皆さんは子供のころから「勉強しなさい！ 宿題やったの？」など勉強・勉強という言葉で、逆に「勉強嫌いに」なってしまった人も多いと思います。大学教員時代に、ある高校の生徒と先生約50人が私の授業参観に来てくださった時に、「皆さん、なぜ勉強するのですか？」と問いかけても、先生をはじめ生徒もみな「わかりません」という答えでした。多分「勉強する目的」について教えられていないのでしょう。勉強の意味と目的が明確になれば「勉強しなければ！」という気持ちがわきます。勉強には、なぜ「強い」という字が入っているのでしょうか、勉強とは自分の「知力・精神力・体力」の3点を「強くするために〝勉める〟＝努力すること！」と、私は教えてきました。「知力」だけが強くなっても「精神力」が弱ければプレッシャーやストレスに勝てませんし、「体力」がなければ

学校にも職場にも通えません。この3点がバランスよく備わっていればどんな困難に遭遇しても乗り越えることができます。もし学力だけが評価されるのであれば上位大学出身者が全て成功するでしょうが、そうでないのは明白です。「人事が見る大学イメージ調査」（日経新聞）で、「知力」よりも「対人力」の高い地方国立大学が上位であったのはその証明です。

親からいただいた頭脳に大差はない！「切磋琢磨」が大事！

私は「親からいただいた頭脳は偏差値の高い学生と大差はない、努力で超えられるので頑張ろう！」と学生に言い続けてきました。特にゼミ生には、「G・A・I・N・S」と「切磋琢磨」の2点を強く要望し、グループ論文作成を課してきました。前者は「G・A・I・N・S」＝G 限界をつくらない・A 諦めない・I 言い訳をしない・N 逃げない・S 先送りをしなければGain＝Reach（目標達成）できるとし、後者は3～4人を1つのグループとして「お互いに考えをぶつけ合う〝けんか〟をすること！」と指導し切磋琢磨してもらいました。なぜグループ論文・切磋琢磨なのか？ それは、そのことを通じて「相互理解・扶助」能力を高めるのが目的であったからです。最近の学生は「仲間に変に気を遣って意見をぶつけたがらない」結果、社会に出て上司・同僚から少々強いことを言われると「心が折れて」離職、となる傾向があるからでした。仲間と徹底した議論を重ね論文を作成する作業で、大きな成長と成果を残すことができたと思います。また「社会人基礎力向上」を重視し、授業の始めと終わりには全員での挨拶や時事問題スピーチを義務付け、逃げずに正面から取り組んだことにより、課題発見力や思考・プレゼン能力の向上につながったと思います。「創楽力・企画提案力・発表力」の育成に力を入れ、論文を観光庁などの関係機関に提案してきました。世界的電機メーカーで家電最大手の有力企業に就職したゼミ生から「会社の提案コンテストの全国大会で最優秀賞をいただきました！」という嬉しい報告をいただき、その思いを強くしました。

2　上位学校（大学）に勝てる

この学校（大学）は第3希望なので「やる気」が出ない！　と言う人がいます。このような生徒（学生）には、「今の結果はそれまでのあなたの努力が原因」なので、これから第1希望の学校（大学）に進学した者に負けない「良い原因」をつくるように努力すれば、絶対に「彼らに勝てる！」と言い続けてきました。この世は「因果関係」なので、良い原因を作ればよい結果が、悪い原因を作れば悪い結果になるのです。たとえ第1希望の学校（大学）に進学しても努力をしなかったら、3～4年後には第3希望の者には負けてしまうし、第3希望の者でも「彼らには負けない」と努力をすれば、3～4年後には第1希望の学校（大学）に進学した者に勝てるのです！「大学3年までに良い結果」を出せるように頑張れば、上位校に進学した者に「就活で必ず勝てる！」と指導し、多くの学生が大学始まって以来の有力企業に就職できました。これも考え方を変えれば「運命」が変わる、良い例だと思います。第3希望なので「やる気」が出ないといって、悶々とした生活をしている時間はありません。中には「自分にやる気が出ない」理由を第3希望のせいにしている学生もいますが、これは「言い訳」でしかありません。「言い訳はイイワケ」ないのです！

外国語（英語）を「楽しく身につける」方法！

あなたは日本語以外の言葉を話せますか。グローバル時代の言語は英語が必要最低限の語学になり、就活をする時の条件は「語学力」です。頭の柔らかいうちに語学を身につけないとつける時期を失してしまいます。皆さんが生まれて最初に日本語を身につけた方法は「日本語の教科書」でしたか？　そのような人は全くいないでしょう。最初に身につけたのは「お母さんとの会話」からで、「教科書」ではなかったはずです。「ごはんたべる？おもちゃであそぶ？」というお母さんの言葉を聞いているうちに「ごはん・おもちゃ」という名詞を、次に「たべる・あそぶ」という動詞を覚え、やがて名詞と動詞が結びついて「ごはんをたべる、おもちゃであそぶ」というセンテンスを覚えたのです。従って、英語を覚えるときも教科書で覚えようとするのではなく、好きな洋楽を聞いたり歌ったり、洋画を観たりしていけば自然に身につきます。英語を学ぶには教科書を、と構えて取り掛かるから三日坊主になるのです。私も入社2年後に外国人のお客さまと仕事をしていたので、枕の下にピロースピーカーを敷いて英会話を流しながら就寝したら、不思議と翌朝にその会話が口から自然に出て驚きました。ある人から「ローマの休日」の映画を4回観ることをアドバイスされ、1回目は日本語字幕を観ながら全体のストーリーを把握し、2回目は字幕を観ないで会話に注目し、3回目は会話を小さな声で真似る、4回目は自分が主役になったつもりでジェスチャーを入れながら小声で話してみる、これは効果があります。アニメーション映画やユーチューブ動画等を「楽しみ」ながら見るのも一つの方法です。私のゼミ長を務めた卒業生は入学当時TOEIC400点であったものが今では820点になった様子で、これは入社後もアパートで英語のシャワーを浴びるように過ごした努力の結果です。好きなことをしながら「楽しく学ぶ」という方法を身につけましょう！

3 教養（リベラルアーツ）を身につける

あの人は教養が備わっている、教養を身につけるべきなど、「教養」という言葉を聞くことが多いでしょう。現代では教養よりも「ハウツー」が重視されているのは「実践的な知識」を求められているからかもしれませんが、それは知識の幅が狭く浅く、「深さ」が足りないように思います。ホテルでもお客さまとの会話で「教養・雑学」が深い人は会話が成り立って良いコミュニケーションが取れますが、逆の人は会話が途切れてしまい良いリレーションが取れません。上質な料理と教養は一緒で、「様々な材料＝知識」×「上手な調理法＝考える力」と、私は思います。「多くの材料・知識」と「調理法・考える」ことができれば人間的成長や人生の豊かさに通じていきます。物事の原理やバックグラウンド、またその活用方法を身につけた人が「社会で多くの人から信頼」され、時には「成功」につながっていきます。それにはTV・新聞・雑誌・SNS等のメディアからニュース・時事問題をキャッチし、それを自分の頭で考え「自分の言葉」で誰かに話してみることです。就職して直ぐに離職する若者が多い原因の一つに、最近の学生はほとんどテレビ・新聞を見ないからと私は思っています。そのメディアのCM・広告を通じて企業の製品や取り組みが理解できるのに、見ていないから「こんな会社とは知らなかった」となるのです。「教養」を身につければ視野が拡大し、社会の動向だけでなく「人への理解・気づかい」なども深まり、自分の成長と良好な人間関係につながっていきます。

●「思考力」の衰え

現代の若者は「考える力」が衰えていると言われ、私も実感しているところです。「人間は考える葦である」（パスカル）の言葉のように人間が、他の動物と異なる点は「考える」動物であることです。近年は「書く」ことがめっきり少なくなり、学校での掲示板やお知らせも「スマホでパシャ！」で済ませています。私の授業でもノートに書かずにパワーポイント画面をスマホで撮っている学生がいますが、これらの学生は「書く試験」で良い成績が残せません。書くことは「考えながら覚える」ことに通じます。一番良い方法は「知ったことを誰かに話して・伝えてみる」ことです。「読み・書く・伝える」ことは考える力を高めるにはとても大事です。「読書量が多いほど学力向上」（ベネッセ教育総合研究所）という調査結果があり、これによれば、1年間に10冊以上読んだグループは4教科（国語・算数・理科・社会）の平均偏差値が1・9ポイント上がったのに対し、読書をしないグループでは0・7下がり、特に算数では4・8ポイントの差がでたそうです。大学入試時に「考える力」を試すための「小論文」試験を導入しているのもその表れです。書くことは考えること、それによって頭の中が整理され、それが話す力に通じる大切な思考回路です。若い人のコミュニケーション能力の低下が叫ばれていますが、これらのことが多分影響していると思います。考える力がないとホス活も無理になります。

●「AKB48」の実践で学生生活を過ごす!

大学生活は「AKB48の実践で過ごすこと」これは何のことかお分かりでしょうか。これは毎年新入生に私が授業で話してきたキャッチフレーズです。「勉強という意味をA改めて考え直し、多くのK経験とB勉強をして、4年間で8つの強みを築いて就活に向かおう!」ということです。大学生活は高校生活とは全く異なり、真面目に授業に出ることだけでは意味がありません。自宅↓大学↓アルバイト先を「魔のトライアングル」と称して私は戒めてきました。ボランティアや一人旅など大学外での「非日常生活」も、また将来に向けての「資格取得」も大事です。それらに力を入れて4年間で8つの強みをつけていければ希望の就職が可能になります。「強み」がないから就活で苦労するのです。就活時のエントリーシート(ES)に「あなたの強みは?」↓アルバイトで社会勉強をしてきました」と書いたら、「この学生はアルバイトに力を入れて大事な経験・勉強をしてこなかった?」と評価されて良い結果は得られません。8つの強みの中には「非日常体験を通じて得られた貴重な体験・失敗・成長」「資格取得」等が含まれます。どのような努力をして資格を取得し、非日常体験に挑戦してきたのか、困難や失敗をどのように乗り越えてきたのか等、その「過程や努力」を書き・話せることが大事で、これらの点を企業は学生に求めています。私も人事で12年間採用面接に社長・役員と同席し、約3000人の学生を一人当たり10分間で合否を決めてきました。面接はその「人となり」を見極めることに主眼があるわけですから、「薄い人か厚い人か」10分もあれば見抜けます。「Value for money＝支払った授業料で得られた価値」は？　と考え、少なくとも支払った授業料の元が取れなければ意味がないと肝に銘じて学生生活を過ごすことです。

4「恋愛・失恋」はホス活の力を高める！→失恋のススメ

近頃の学生は恋愛をしたがらないと言われています。その理由を聞いてみると、失恋が怖い！　という答えが多くの学生から返ってきます。これは失敗を恐れて新しいことに挑戦したがらない現代の若者に共通した現象かもしれません。授業で「ホスピタリティ力を磨くにはどんどん恋愛を！　しかも失恋を！」と話すと、なぜだろう？　という表情になります。恋愛は「相手を理解しようとする行為」「相手を気づかい・思いやる」ことの訓練に通じるものだと言うと、納得した顔になります。相手を好きになって「慕う気持ち＝恋」と、人間愛など相手を尊重し「大切に思う気持ち＝仁」はとても大事です。デートを重ねながら様々な話や遊びなどを通じてお互いを理解し、どうしたら相手は満足しどうしたら不満に思うのか、どのような言動をしたら不快な気分になるのか等、それらを通じて人は成長していきます。昨日会ったときには良い関係であったのに、今日はとても不満顔なのはどうして？　昨日の自分の一言で傷ついたのかな？　自分をきらいになったのかな？　等々、詮索し心配になるでしょう。その原因がわかったら、次回にはそのような言動は慎まなければと悟って、相手の「気持ちのつかみ方」を学習していけるのです。

5　夢をかなえるには

誰しも「かなえたい夢」を持っています。生きている以上は「夢」を抱き、それに向かって「ハリのある生活」を過ごしていきたいものです。夢をかなえるにはどうしたらよいか、人それぞれの方法で挑戦・努力をしていると思いますが、「吐く」という字をみて欲しいのです。「吐く」という字は「弱音を吐く・吐息」などに使用されていますが、「吐から十の下の一を除去したら叶う」という字に変化します。従って、「弱音を吐く」から「夢を叶えられないのだ」と考えて、「吐く」というネガティブさを引いて（マイナス）いったら、きっと「夢は叶う」ものと信じましょう！　米国で黒人差別撤廃を目指し「I have a dream!」という演説をし、最後は凶弾に倒れたキング牧師のことはご存知と思います。まだまだ差別は残っていますが「私には夢がある。それはいつの日か私の4人の子供たちが肌の色ではなく人格によって評価される国で生きられることだ！」と訴えてきました。彼のように歴史に残る「崇高な夢」を持った偉大な人になることは難しいですが、誰だって「小さな夢」も自分にとっては必要な夢であると信じ、その実現に努力をしていけば「生きること」にハリが出てきます。弱音を吐かずに「夢に向かって努力」することが自分自身の成長につながるのです！

6 未来は現在つくられている "The future is now"

皆さんの明るい未来は「現在」作られていることはご承知でしょうか。誰かが作ってくれているわけではありません。「今、つくられている！」と言われてハッとするかもしれません。「いつやるの？ 今でしょ！」なのです。何となく過ごしていては何も得られないばかりか明るい未来はありません。現在成長している元気な人や企業は、未来に向けて日夜研究し、改善のための努力をしています。因果関係でいえば〝未来の結「果」は現在が原「因」になっている〟のです。いつでも「夢と目標」を持ち、その上でたゆまない努力をすること、これは頭のよしあしとは無関係です！

ＡＩ（人工知能）・ＩｏＴ（全てのモノがネットでつながる）活用の時代、人手不足や外国人との共生時代等、これからの世界は予測がつきにくい時代を迎えます。現在の小学生が大学卒業後に就職する先の約6割は、「現在、この地球上に存在していない職業である」という米国の調査予測もあります。ＡＩが進めば進むほど「人間の役割が減少」すると考える人もいるようですが、そんなことは絶対ないでしょう。中高生をはじめ大学生は将来予測される社会を見据えて「今、何を学んだらよいのか、将来どのような働き方をしたいのか」などを考えていくことが大事です。それは、どのような社会になっても自分自身の市場価値を高め、「雇われうる能力＝エンプロイアビリティ（Employability）」を身につけていくことです！

5 「幸福感受力」を磨き・高める

皆さんは幸せと感じるときはどのようなときですか。誰しも幸せになりたい、幸せに過ごしたい、と考えています。しかし、他人から見たら本当は幸せな環境にあるのに、幸せと感じていない人も多いです。それは「幸福感受力」に問題があるからかもしれません。幸せを高められればこの世は楽しくなっていきます。その方法を一緒に考えてみましょう。

1 あなたが幸せを感じるときはどのようなときですか

「幸せは自分の心が決める」（相田みつを）や「いくらお金があっても幸福は感じられない」（ノーベル経済学賞：アンガス・ディートン）という言葉があるように、「お金持ちが必ずしも幸せである」とは限りません。また、「幸せは出来合いのものではない。あなた自身の行動から生まれる」（ダライ・ラマ）や「幸せの扉が一つ閉じると、別の扉が開く。でも閉じた扉にいつまでも目を奪われ、自分のために開かれた扉に気づかないことが多い」（ヘレン・ケラー）など、多くの偉人・知識人は「幸せ」に関する言葉を残しています。世界幸福度ランキング（国連19年版報告書）によれば日本は156カ国・地域中58位で1位は2年連続でフィンランドでした。なぜ日本は低位なのか、幸せ感を持って毎日を送っている人が多くないのも事実です。それは、一体どうしてでしょうか。幸福とは何か、についてホスピタリティ視点で考えていきたいと思います。

あなたは「毎日が幸せ」と感じていますか？

ホスピタリティ視点で考えた時、〝好感力〟が高い人は「幸福感受力」が高い、と私は思います。「国民生活に関する世論調査」（内閣府：2018年）によれば、「現在の生活に充実感を感じている」割合は男性よりも女性のほうが高いという結果でした。50歳代では男性70・5％：女性73・9％、60歳代では男性69％：女性73・1％であったとのことです。なぜ女性のほうが充足感が高いのでしょうか、様々な解釈があると思いますが、男性よりも女性のほうが「自分に合った楽しい過ごし方」をしているからでしょう。

幸福を長続きさせるためには？

どうすれば幸せになれると思いますか。「幸福学」研究の第一人者である前野隆司教授の講演を基に私が作成した図のとおり、人の幸福は4つの要素（因子）で決まることが分かったそうです。それは通常私たちが考えるような「お金をたくさん得る、物をたくさん持つ、地位や名誉を得る」こと等による幸せは長続きせず、「良好な環境・身体の状態・心の状態」等による幸せが、長続きする上で大事であることが明らかになったようです。また、「幸せ感」の強い人は普通の人よりも7～10年長寿であるという調査結果も出たそうです。

まず**「やってみよう！」**は、自分が描いた「夢・目標」を持って自分の強みを生かしながら達成しようと努力すること、自分の個性を活かし目標を持って何かにチャレンジすること、何もしないで後悔するよりも結果はどうあれチャレンジする人生が幸せにつながる、とのことです。皆さんは「セレンディピティ（serendipity）」という言葉を聞いたことはあると思いますが、これは何かに挑戦していていると本来の目的とは違う「偶然」に出会ったり、予想外のものを「発見」したりすることです。その偶然をきっかけに、幸運をつかみ取ることもあるのです。

「何とかなる！」は、物事を前向きに・楽観的にとらえて前に進むことで、ネガティブでなくポジティブでいることは、幸せにつながります。「何か失敗したらどうしよう」とか「どうせ私なんて何をやっても」と考えずに、「きっと何とかなる！　ダメもと！」で考えたいものです。失敗経験は「成功の一歩」であり「何もしないことこそ失敗」である、成功の反対語は失敗ではなく「なにもしないこと！」なのです。

「ありのままに！」は、他人に左右されずに生きていくこと（時にはマイペース）で、他人と比較せず「自分らしくありのままに」行動できる人は、そうでない人よりも幸福であるといいます。人はすぐに他人と比べがちになりますが、それをやめれば幸せに結びつくようです。私たちは他人と比較することで安心感を得ようとしますが、それは「他人の目」が気になって自分らしさが失われる結果にもなります。強い「信念」と「自信」を持って生きていくようにしたいものです。

「ありがとう！」は、多様な人とつながりを持ち、それらの人に常に「感謝する」ことで

幸福の四要素（因子）

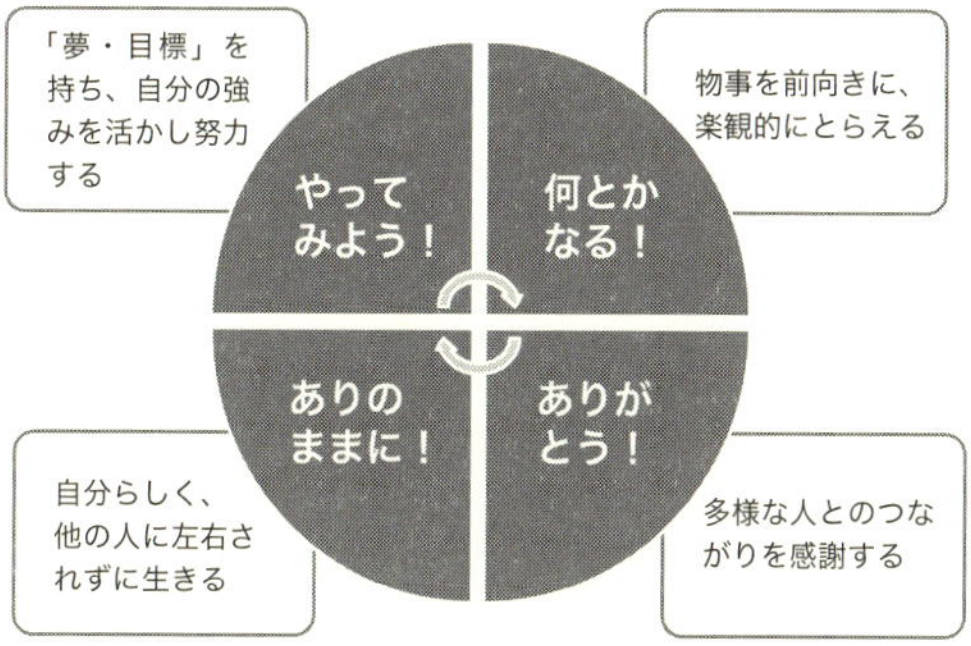

（注）前野教授の話を基に著者が作成

す。それが低い人は幸福感が低いとも言われ、お金を自分のために使うことよりも社会貢献・奉仕等に使うほうが「幸せ感」が強いようです。この4要素（因子）に5つ目を私はプラスしたい、それは「**好きなことをする**」ことです。画家などの多くの芸術家が長生きしているのはこれが原因である気がします。これらを意識して行動していけば、私たちは「長続きする幸せ」を手に入れることができるでしょう。長続きする幸福は「お金・地位」ではなく別なこと（幸福の四要素＋α）にある、と発見できたことも「幸せ」です！

2 「相互幸福」の実践

ホスピタリティは「相互理解・扶助」であると既に説明しましたが、それに加えて「相互幸福（こうふく）」「相互思遣（しけん）」という新しい言葉を考えてみました。相互幸福も相互思遣も「相手のことを思いやって、相手が喜ぶことをしてあげれば自分も喜び幸せな気分になる」と思ったからです。「イキイキした楽しい毎日」を送るには、お互いが思い遣り（相互思遣）を持っていれば、おもてなしを施した人とそれを受けた人との間で「相互幸福」が生じていきます。昔「小さな親切運動」という言葉がはやり地域ぐるみで運動を起こしていました。今ではそのようなことすら記憶にない人も多いと思いますが、2020年東京五輪はパラリンピック大会でもあるので、この時にこそ「自分ができる小さな親切・気遣い」ができるようにすれば、「日本はさすが〝おもてなし〟の国！」という良いイメージを持ってもらえるでしょう。五輪で訪日された方が帰国後に多くの人に日本でのお話をすれば将来的にインバウンド客が増大し、政府・観光庁の政策に合致します。これは既述の「ローカルホスピタリティ」と同様に日本全国に広まっていくことを願っています。今こそ「ホス活貯金」運動の推進を！

アランの『幸福論』はホス活と一緒！

世界三大幸福論としても有名なアランの『幸福論』はご存知でしょうか。その幸福論の内容について簡単に考えてみたいと思います。アランは幸福や不幸は「自然と降ってくるもの」ではなく、「自分で作り出すもの」だという考えです。不幸に感じている人はとかく周囲や環境に原因を求めがちですが、自らマイナスの方向にばかり考えてしまう結果、不幸を呼び寄せてしまっているとのこと。幸福になるためには、自分の不幸を他人に話すようなことは絶対にしてはならない、と説いています。これは、自分が「他人から与えられるものは、自分が他人に施したものの裏返し」であるという考えに基づいているからです。既述のとおり「おもてなしはブーメランである」の考えと一緒です。ブータン人が大切にする「利他の心」や、周囲の人々がまるで家族のように関わりあって助け合っている環境こそ、幸福の秘訣であると私は思います。

3 日常生活を見直し「幸せになる」ための方法

どうすれば幸せになれる（近づける）か、考えていきたいと思います。私が入社した企業グループの社是は「感謝奉仕」でした。新入社員教育では3分間スピーチの課題は殆どが「感謝奉仕」と「時事問題」のスピーチで、前者は今まで育ててくださった両親・先生はじめお世話になった全ての人に「感謝」し、社会人になったら恩返しのために働いて「奉仕」することであると教えられました。『ハーバードの人生を変える授業』（タル・ベン・シャハー著）という本の中に「幸せになるための基本原則」に関し以下の記述がありましたので紹介します。私なりの解釈ですので多少誤解があるかもしれませんがご承知ください。

①「**感謝する**」＝その日感謝した出来事を人に伝え、日記に書く習慣を身につける。これにより日常生活で感謝したいことがたくさんあることに気づき、人に優しくなれる。

②「**苦労は積極的に経験する**」＝幸福になるには不安・苦労を取り除くことではなく、

自分にとって「やりがい」を感じる目標に向かって努力すること。より大きな喜びを得るには、「多少の苦労や困難な時期が必要」。それが思いやりや感謝の気持ちを作り出し、やがて「困難を楽しめるエネルギー」を身につけられることになる。

③「**適度な運動をする**」＝運動で免疫力を高め、正常な心身を保つことができる。運動を週に3回（1回30分程度）すれば精神的な疾患防止の効果が得られる。

④「**シンプルに生活する**」＝忙しすぎると周囲の幸せに気がつけなくなる。時間の使い方を見直し、シンプルにできる方法を工夫し不必要なことはやめる。

⑤「**よいところを探す**」＝人生を楽しめるかどうかは、その人の「心・感じ方」によって決まる。様々な出来事は受けとめ方で決まる。降りかかった困難は「自分の成長の為」とポジティブに思うか、「自分だけが」とネガティブに思うか、できる限り「自分にプラスになる」解釈が大事。

〈**私の感想**〉

①は入社時に「感謝奉仕」をよく理解できていなく、そのスピーチを指示されたときに「身体障害者をボウリングに招待してあげることが奉仕につながる」と話したら人事担当者にけげんな顔をされました。今から半世紀前で当時は殆どの会社が利益至上主義の時代で「社会貢献」なんて言葉すらなく、生意気と注意されたかもしれませんが、とても理解のあった会社であったと、感謝しています。

②は創業者の言葉にもあり「若い時の苦労は買ってでも経験を！」と指導されました。

やはり成功した人には同様の人生観があるものですね。

⑤は、私は子供のころ母親から「何か人から小言を言われたら良いほうに解釈すること」と教えられました。人に対しても「欠点探しではなく褒め上手」になれれば、「相互幸福」にきっとなれるでしょう！

皆さんもこれらを理解し実践していけば、きっと幸せになれると私は信じております！

第4章

「今までの考え方・習慣」を変える

この章では、既述のホスピタリティを活用して仕事や日常生活を楽しく・イキイキ過ごすために、現在の「考え方・習慣」を、どのように変えていったらよいか考えていきましょう。

1 「黒板の文字が小さいので、もっと大きく書いてくれませんか」

ある大学で300人近くの授業を担当し、教室は500人収容可能な劇場型の教室で、私から見て前段・中段・上段に分かれていました。授業終了後、女子（留学生）が私の所に来て、「先生、黒板の文字が小さすぎるのでもっと大きく書いてもらえませんか？」と言ってきました。私は大教室であることを考慮して普通よりも2倍の大きさで書いていたのですが、「ところであなたはどこに座って授業を受けているの？」と質問したところ、「上段です」との答えでした。通常、前段は授業に熱心な学生の他は座る人が少なく空いているので、「どうしたらよいと思う？　私に教えて」というと、「先生が大きな文字を書くのが良いと思います」という一点張りの答えでした。彼女は「自分の考えたこと以外は考えられない」様子だったので、「前段の席がたくさん空いているのでそこに座ったらどうなの？」と言ってあげたら怪訝そうな顔をしていました。皆さんはどのように思いますか？　これに限らず、自分の立場を良好にするには「相手に変わってもらう」ことしか思いつかない人も多いように思います。自己責任を他人責任にしてしまい、自分中心的な考え方に陥ってしまう。周囲を変えたいと思う時には、「先ず自分を変える！」ことを先に考える習慣を持ちたいものです。

まず自分を変える！→自分が変わることで周囲が変わる

「仕事・勉強・人間関係がうまくいかない」のはなぜでしょうか。それは社会・会社・学校・相手に原因があるのではなく、まずは「自分に原因がある」と考える（反省する）ことが大事であると思います。「上司・部下が○○してくれないから不満」と思う前に、「自分が変わる」ことでしか環境は変わらない、自分を変えられるのは自分しかいない！と思うことです。「それまでの私は『周囲が優しくしてくれない』『挨拶してくれない』などと嘆いてばかりでした。つまり、相手の態度が変わることを求めていたのです。でも、それではいつまでたっても何も変わりません。自分自身が変わらなければいけない。そう気づいた私は自分の態度を変えることに力を注ぎました」（ノートルダム清心女子大学名誉学長・渡辺和子氏『置かれた場所で咲きなさい』（幻冬舎文庫））のように、先ず「自分の考えや行動を変える」ことをすれば全てのことが好転していくはずです。

2 変えれば変わる

誰しも現在の自分や生活に満足している人はいないと思います。今の自分を変えたい、生活や環境、人間関係を変えたいと思っている人は多いでしょう。でもその方法がわからず、わかっていても実行に移せない人が多いのも事実です。自分の運命を変えるにはどうしたらよいか、まず「今までの考え方を変える」ことがスタートであると思います。考え方が変われば行動が、行動が変われば習慣が、習慣が変われば運命が変わる！　かもしれません。でも、「変わる」のか「変える」のか？　前者は受動的で「成り行き任せで自然に変わっていく」という意味なので、「自発的・意識的」に変えようとする努力が必要です。「生活習慣病」という言葉がありますが、これは「毎日同じ食べ物や食べ方」をしていくと、いつの間にか病気になってしまうので健康になるにはその習慣を変えていかなければなりません。考え方も同様に「いつも同じような考え方」をしていくと、自分の成長はおろか「あの人の考えは古い」と言われ、周囲から見放されてしまうことにもなるでしょう。これを私は「思考習慣病」と称して戒めてきました。

●変える効果？

では、変わることは何のためでしょうか？　それは「自己変革」「可能性の実現」にあると思います。豊かな「人間性・人間力」形成のためには、現在の考え方に常に疑問を持ち、「ほかに良い考え方があるはず？」と思うことです。自分の考えに執着している人は成長も「楽しいこと」も見つけることはできません。「変えるChange」ことは「機会Chance」を生むことにつながります！　相手に理解してもらいたければ、自ら相手を「理解」する努力をし、全ての「原因（原点）は自分にある」と考えていくことです。「因果関係」という言葉のとおり、良い原因をつくればよい結果が生まれ、逆に良い結果を生みたければ「よい習慣（原因）」に変えることです。今の生活や人間関係を好転したければ「日常の思考・生活習慣」を変えること、そうすれば今までにない「楽しい生き方・働き方」へ変化していきます。イキイキした日常生活、職場生活づくりに努力していきませんか。

●チャンスをつかむ！

「どうして結婚しないのですか」という言葉を独身者に聞くのはNGですが、結婚したいのに独身生活を余儀なくされている人は多いと思います。婚活を積極的にされているのになかなかそのチャンスを掴むことができない人も多いでしょう。チャンスは向こうから自然にやってくるのはマレで、それは「自分で創り出すもの」と私は思います。チャンスは、「準備された心を持った人」「心の前傾姿勢の人」に訪れます。漠然と考えている人には訪れないでしょう。では、チャンスを掴むにはどうしたらよいでしょうか。まず、そのスペルをよく見てください。cとgだけが入れ替わっていることに気づきます。従って、「Chanceを掴むにはChangeが求められる！」と理解することです。自分の考え・行動が従来と一緒であればチェンジ（変化）がないことと一緒で、チャンスが訪れることは少ないでしょう。そこで大事なことは「考え方を変える→行動が変わる→チャンスが訪れる！」ということを意識し行動することです。企業も同様で「考え方を変える→行動が変わる→チャンスが訪れる→会社・従業員の運命が変わる！」ことを、まず経営者が気づくことです。企業も競争に勝つには「チャンス」を求め、それを活かさなければ発展はありません。

この地球上に最後まで生き残れるのは「最も強い者が生き残るのではなく、最も賢い者が生き延びるのでもない。唯一生き残ることが出来るのは、変化できる者である。」（チャールズ・ダーウィン）かもしれません。

3 人から「評価されたい」

皆さんが一番気にしていること、それは「自分に対する他人の評価」であると思います。人会社などでは「上司の評価」によって給料・賞与などが決まるので余計気になります。人間の自己実現を研究対象とし「人間性心理学」で有名なアメリカの心理学者マズローの「欲求の五段階説」には、「人のモチベーションを上げるものは、お金などの物質的なものよりも社会的に評価されたい、人に認められたいという承認欲求」である、と説いています。一階層の「生理的欲求」は、生きていくための基本的で本能的な「食べ・飲み・寝たい」等であり、この欲求がある程度満たされると次の二階層「安全欲求」に進み、それは「危機を回避し、安全・安心な暮らしがしたい」という欲求です。第三階層の「社会的欲求」では「集団に属し、仲間」が欲しくなり、この欲求が満たされない時に人は「孤独感や社会的不安」を感じやすくなると言われています。一～三階層欲求は、「外的に満たされたい」という思いから出てくる欲求で、四～五階層では「内的な心を満たしたい」という欲求に進んでいきます。一番気になる第四階層の「承認＝尊厳欲求」は他人から「認められたい、尊敬されたい」という欲求で、その欲求が満たされると「自己実現欲求＝自分

「欲求の五→六段階」説？

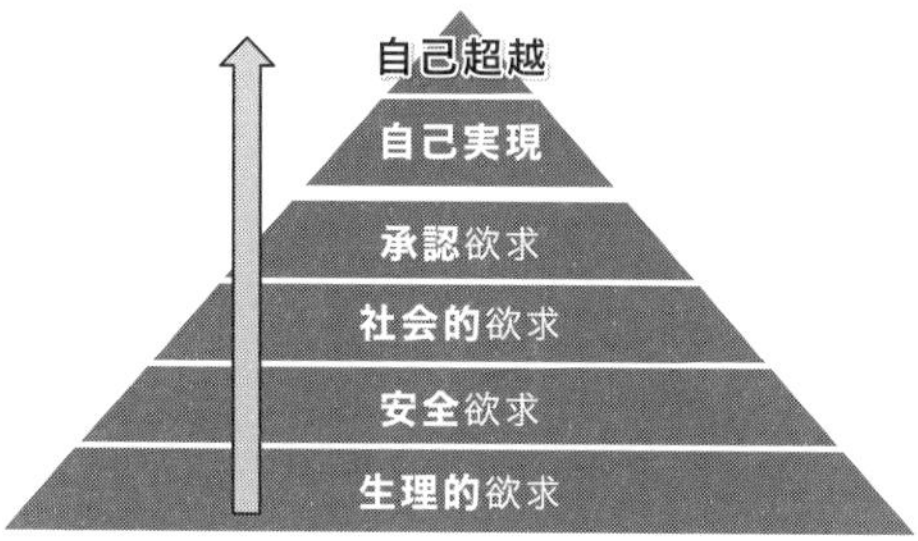

の能力を引き出し創造的活動がしたい」が生まれてくると言われています。SNS時代にはこれらの「承認欲求」は非常に密接に関係し、自分が投稿した内容に対して友人が「いいね！」を押してくれ好意的な反応をしてくれないと、モチベーションがぐっと下がる人も多く、今では「SNS疲れ」という現象まで起きてきているとも言われています。

六段階目の「自己超越」欲求

マズローは五段階の上に、さらに六段階目の「自己超越」欲求があるとも説いています。それは人も企業も「見返りを求めず」、自己中心的な考えを忘れ、何かの「課題や使命」、社会や大切な仕事に「貢献したい」という欲求であり、これらはまさに「ホスピタリティ」につながるものと私は理解しています。その理解が正しいとすればマズローの「欲求の五段階説」は「欲求の六段階説」であり、企業に求められている「CSR（企業の社会的責任）」「社会貢献」にもつながっていると思います。これ

「長期的な評価」を！

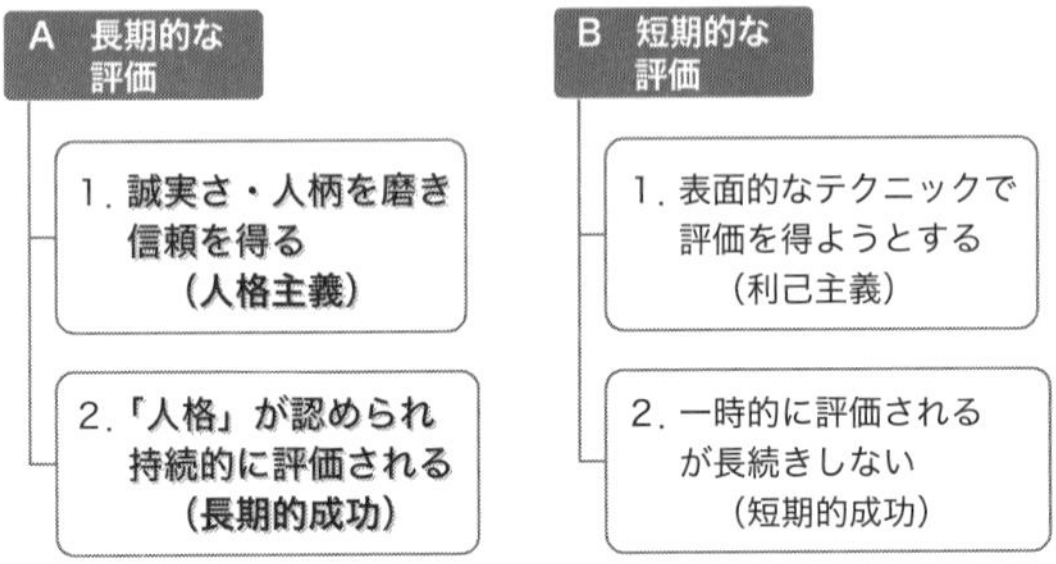
A 長期的な評価
1. 誠実さ・人柄を磨き信頼を得る（人格主義）
2. 「人格」が認められ持続的に評価される（長期的成功）
B 短期的な評価
1. 表面的なテクニックで評価を得ようとする（利己主義）
2. 一時的に評価されるが長続きしない（短期的成功）

は自分や企業に置き換えた場合、自分・企業の欲求（役割）を分析し、それがどこにあるのか、それを達成するには自己・企業をどのように「変えて」いかなければならないか、を考えることからスタートしていく必要があるように思います。

4 人から「長期的に評価される」には

人は誰でも「他人から良い評価をもらいたい」と思っています。評価で大事なことは、短期的な評価ではなく「長期的な評価」です。誰だって長期的な評価を受けたいものですが、それには人間的な成長が求められます。誠実さや人柄を磨けば必然的に評価はされます。そうなれば信頼も増して人間関係も好転していきます。逆に言えば「誠実さ」が劣っている人は、信頼も薄れてしまうでしょう。表面上のテクニックだけで人から評価を得ようとすることは「利己主義」です。自分さえよければという考えでいると、一時的に評価されることがあっても短期的な成功しか得られません。

「徳は量に随（したが）いて進み、量は識に由りて長ず」（菜根譚）という言葉がありま す。徳（人格）は量（心の広さ）によってつくられ、心の広さの基は識（理解する力）が必要であるということですが、言い換えれば「徳を磨くには広い心と教養が求められる」ということになります。人格が認められ持続的に評価されて、自分を長期的な成功に導くには「現在の自分を変える」ことが大事で、それにはまず現在の考え方を変えることです。そうすれば「行動」「習慣」が変わり、やがて「人生」「運命」が変わっていくでしょう！

これは企業でも同様です。

5 スティーブン・R・コヴィー氏の「七つの習慣」に学ぶ

皆さんは「七つの習慣」ということを耳にしたことはありますか。既にそれに関連した本を読んだ人も多いと思います。米国・ハーバード大学経営学大学院などで学び世界各国の政府や企業のリーダーのコンサルタントとして活躍した彼の『7つの習慣』の本は売上3000万部も突破し、世界で最も影響力のあるビジネス思想家として知られています。まさに考え方を変えることからスタートしていけばやがて運命が変わるということを、説いてくれています。『まんがと図解でわかる7つの習慣』（宝島社）をはじめ、中高生でもわかりやすい本が多く出ているのでぜひ一読をお勧めします。

左側の絵は若い女性に見えますか？　それとも老婆に見えますか？　見方によってどち

『7つの習慣』（キングベアー出版）より

らとも見えるのは不思議です。最初に右側の絵を見ていたら若い女性に見えることでしょう。でも見ていなかったら老婆（女性の首筋が老婆の口、顎が老婆の鼻）に見えます。先入観で見方は大きく変わるものです。今までの自分の考えは全て自分自身の経験に基づく「先入観」であり、この先入観を「変えて・新しく」していかなければ「自分は変われない！」ということがお分かりと思います。人は、過去の自分自身の「経験・印象」でモノを見ています。しかし、それは「正しい」か「間違っている」か？はわかりません。現在の習慣も同様で、新たな習慣づけをすれば、もっと違った仕事・生活が発見でき、その結果「運命」が変わることもあるのです！　私を含め多くの人は今までの習慣が良いとはいえないと思います。まずは現在の習慣の見直しをしてみることを勧めます。

● 自分に足りない「習慣」を見つけ、現在の習慣を改める！

皆さんには多くの「明るい未来」が待っています。コヴィー氏は著書で「それは日頃の考え方・習慣次第」であると述べています。私の今までの経験から【自己分析チェックリスト】を作成してみましたので、以下の項目でいくつあてはまるか、自己診断してみてください（あてはまるものに○印をつけましょう）。

1. 「自分にはできない・無理」と、能力の限界を思うことが多い。
2. 途中で「諦める」ことが多い。
3. 何かできない時に「言い訳」を言うことが多い。
4. 困難と感じた時に「逃げる」ことが多い。
5. 今やらずに「先送り」することが多い。
6. いつも「忙しい」と言っていることが多い。
7. やさしい道とそうでない道があったら「やさしい道」を選ぶことが多い。
8. 「なぜ自分だけが」と、嘆くことが多い。
9. 何か物事がうまく進まない時に「環境・他人のせい」にすることが多い。
10. 人から指示されたとき、「できる方法」を考えるよりも「できない理由」を探すことが多い。

皆さん、いくつ○がありましたか。今までの習慣を変えていけば「もっと良い未来」が待っているでしょう。3点以上ある方は「チャンス」をつかめない可能性が大なので、ぜひコヴィー氏の著書を読むことをお勧めします。きっと人生が変わります！

「豊かな人間性」の開花！

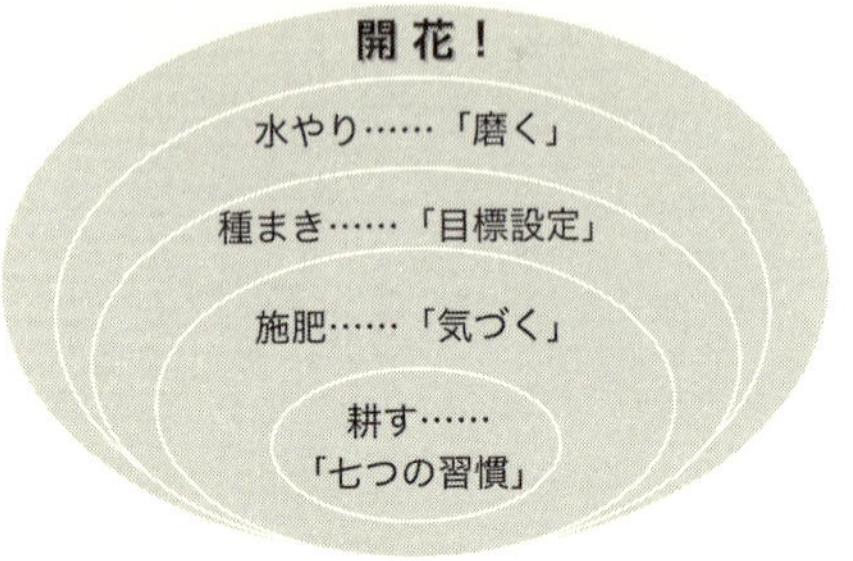

●「7つの習慣」づけから「豊かな人間性」へ！

同氏によれば、以下が「七つの習慣」に関して「すべきこと」とされています。

1. 自分を「変えよう」と常に意識する
2. 「なりたい自分を想像」してから始める
3. 重要なことを「後回しにしない」
4. 自分も相手も「幸せな方法」を探す
5. 相手のことを「心から理解」する
6. 意見の相違は「成果への第一歩」と考える
7. 肉体や精神を日々「磨く」

今までの考えや生活習慣を変えて自分自身が成長するには、「学び→決意→実行」の繰り返しが必要です。自分自身の「人間性を磨く」ことで素晴らしい人生につながっていきます。それには「人を変えることはできない」ので「自分が変わるしかない」のです！　仕事や人間関係において、大きな壁に直面した時にこの本を読み返し「今、自分がすべきことは何か?」という初心に帰ることが大事です。自分自身の「豊かな人間性」を開花させるには、公園で草花を栽培することをイメージし、先ず「耕す＝七つの習慣に学ぶ」→「施肥＝気づく」→「種まき＝目標設定」→「水やり＝磨く」のプロセスを実行することです!

●今日はどのような日にしたいか?

皆さんは朝起きて「今日はどのような日にしたい?」と考えていますか。それを考えなくなったら毎日がマンネリ状況に陥っている証拠です。サッカーの本田圭佑選手は「今日が最後、人生が終わる!」と自分に言い聞かせて毎日を過ごしているとのことで、それを考えれば「新しい行動」が生まれます。「今日という日」は自分にとって今までの人生で一番「年老いた日」であり、逆な見方をすれば、これからの自分の人生で一番「若い日」なのです。だから「新しいことに挑戦していこう!」という気分になれればラッキーです。何かを始めることに「遅い」ということは絶対にありません。近頃は「筋肉貯金」という言葉が流行っていますが、筋肉は年齢に関係なく鍛えられることは医学的に証明されています。多くの高齢者は「腰痛」に悩まされていますが、腰の骨を支えている腰筋をウオーキングなどで鍛えれば腰痛が和らぎます。高齢者にとって「きょうようときょういく」が大事と言われていますが、それは「教養と教育」ではなく「きょうよう＝今日用事がある」「きょういく＝今日行くところがある」ということが若さを保つ秘訣のようです。

106歳でお亡くなりになった日野原重明氏は「3年先の手帳に予定」を入れてきたご様

子、ぜひ見習いたいものです。

●でも、でも、でも＝「デモ行進」に？

人から何か言われたり勧められたりしたときに「それは不可能です」「それは無理です」と言っていることはありませんか。そのような人を、私は「デモ行進愛好者」と呼んでいます。人事を担当していた時にグループ会社役員・幹部数百人の「人事考課表」を見なければならない立場にありましたが、そのような「デモ行進愛好者」に近い人は上司の評価が低く、逆に評価の高い人に共通するのは「どうしたら出来る？」「まずやってみよう！」と考える人たちでした。「出来ない理由を探す前にどうしたらできるか、その方法を探すこと」を心がけていけば、「評価」はグッと高まっていき人生もガラッと変わっていきます。新しいことを始めるには思い切って一歩を踏み出す、最初の一歩は「100歩行くところ50歩進んだと一緒！」と思うこと、いきなり70～80歩進まなければと思うから進めないのです。まず、やりたい、やりたくない、を考えずに「エィヤー！」とスタートすることとです！　思いがけない良い結果を出すには、「できる方法探し」を2倍にして、「できない理由探し」を0・5にする努力をしていきませんか！

6　コンフォートゾーン（心地よい）からの脱出

既述したP・ドラッカーの著書に『非営利組織の経営』があります。その中に「日常化した毎日が心地よくなったときこそ、違ったことを行うよう自らを駆り立てる必要がある」という記述があります。彼は常に「イノベーション」と「顧客の創造」ということを説いています。イノベーションというのは一般的には「技術革新」と訳される場合が多いですが、彼は「経営上の革新」「思考上の改革」と広義に説き、数々の示唆をしてくれています。「革新」という字はなぜ「革を新たにする」と書くのか？ 学生時代から不思議に思っていました。これは、新しいワインができた時には「古い革」ではなく「新しい革」に入れなければ香が移ってしまう。「新しいお酒は新しい革に」という意味であると、私が20代の頃当時の外国人のお客さまに教えていただきました。彼はスキー場でリフトに搭乗するたびにスキーウエアの内側にしまいこんであった山羊革の袋を出してワインを楽しんでいました。その新しい革の質問をしたら「新しい時代には新しい考え方」をしなければならないのと一緒である、と私に教えてくれたのです。時代が変わったのに「古い上着」を着ていては時代に取り残されてしまうのは、戦後ヒットした「青い山脈」の歌を聞くまでもないでしょう。話が飛躍しましたが、人は保守的な動物なので「心地よさ」から脱出しようとはしません。「ゆでガエル」の理論のとおり、心地よいからと言ってそのままぬるま湯に入っていたらい

ゆでガエル

つの間にか「ゆだって」死んでしまうでしょう。でも自分がゆでガエル状態にあることに「気づけない」悲しさがあります。心地よいと感じたらそれは「ゆでガエル」状態の中にいると気づくことが大事です。社会や外的環境が大きく変わっているのに古い考え方で生きていたら必ず時代にとり残されてしまいます。「心地よさは危険水域！」であると思い、そこから脱出して「違った新しいこと」に挑戦しなければ成長はない、と自覚しましょう。

7 明日の自分の考え方・意識・行動は変えられる、今日からでも

皆さんは「明日の天気」と「昨日までの自分の過去」を変えることができますか。誰でも明日の天気は変えられませんが、〝自分の明日〟は変えられるのです！「考え方」が変われば「行動」が変わります。行動が変われば「習慣」が、やがて「運命」が変わるのです。他人を自分の思うように変えたりコントロールしたりすることは難しいですが、まず自分が変わることで相手を変えることは可能なのです。人間関係がうまくいっていない相手には「自分からコミュニケーション」をとっていくことです。相手も期待しているかもしれません。受動的に「変わる」のではなく、変えられないものは一つもないと思って能動的に「変える」努力をすることです！

● 自分の「明日を変え」、生き方を「楽しく変える」方法とは！

考え方が変われば行動が変わります。そうすれば日常生活が、今までより2～3倍「ワ

クワク・イキイキ・ドキドキ」して輝きだします。「ちょっとした工夫」で、ホスピタリティ・ライフ（ホス活）を実践しましょう。それにはまず日常習慣を変えること！　人はなぜ保守的なのか？　それは「同じ習慣のほうがラク」だからです。正しい習慣にしていくには大きなエネルギーが必要ですが、一旦変えれば新しい人生がパッと目の前に開けてくるでしょう。新しく良い習慣になれば将来的に自分にとって成功への道につながることもあります。人は「自分の見たいように見ている」のです。私たちは物事を「あるがまま（真実、事実）」に見ず、常に「バイアス（色眼鏡、思い込み）」を通して見ています。ものごとは客観的に正確に見て判断すべきですが、残念ながらできていません。自分の経験・知識による「下地」を通して世界をとらえています。「因果関係」という字のごとく、将来の「良い結果」を生むには現在のモノの見方を変え、新しい行動・習慣という「良い原因」をつくることです！

8　変えなければ変わらない

皆さんは現在の日常生活に満足していますか。誰しも現在の生活に満足している人は少ないでしょう。昨日の生活よりも今日の生活、今日の生活よりも明日の生活、あるいは3年後の生活が「豊かで楽しく充実した日々に」と思っています。この希望・願望が薄れてしまっている人は、自分の人生の可能性を捨ててしまった人と考えるべきです。どんな人でも素晴らしい「可能性を秘めている」、せっかく親・先祖からいただいた能力を「自分はもともと出来が悪いから」と言って挑戦（変革）をやめることだけはしたくないものです。子供のころ自転車に乗れた時のことを覚えていますか？　何度も倒れながら練習を重ねて、手や足に傷をつけながら練習を繰り返し、やがて自力で走行できた喜びを！　多分1回乗っただけで自力走行できた人はいないはずです。全ての習い事はこの「自転車自力走行練習」と同じです。できないのは「やろうとしない」からで、「やれば必ずできる！」と信じ、自分の日常生活を「より充実した生活」に変えていきませんか！

「ディズニーランドは永遠に完成しない。この世界に想像力が残っている限り、成長し続ける」（ウォルト・ディズニー）の言葉を励みに！

●「起きたくない？　起きなければ？」を考えてはダメ！

冬の朝に起きるのは辛いと、誰しもが思っているでしょう。布団の中で「起きなければ電車に遅れる！」「でも、起きたくない！」と考えながら時間・自分との戦いをしているのが常です。この時に、いずれにしても「起きなければならない」のだから、「起きたくない？　起きなければ？」を考えないで、有無を言わずに「エィヤー！」と声をかけながら「布団を蹴っ飛ばす！」ことです。これができればどんな時でも実行力のある人に変身できます。いつもグズグズして考えがまとまらずに「何もできずに終わる」人は、これができない人です。あれこれ熟慮しなければならないこともありますが、「毎日決まったことをしなければならないこと」は、熟慮しても何も進まないのです！　何も考えず、有無を言わずに「エィヤー！」という声をかけながら行動を起こすことです！　そうすれば何事もうまく進んでいきます。これは私が高校時代に毎朝4時起きで「大学受験勉強」をしなければならなかった辛い時、「布団を蹴っ飛ばして起きた」経験上からのことです。それ以来、グズグズすることが嫌いになって「いずれやらなければならない」とわかっていることは「今やること！」という習慣がつきました。プロポーズも同様かもしれません、「案ずるより産むが易し」です。時には「エィヤー！」という気持ちで行動してみましょう！　そうしたら日常生活が好転していきます。

●始めなければ始まらない！

終わりは始めがあったからで、何事も「ハジメナケレバハジマラナイ！」と考えましょう。親や人から言われ「やろうと思っていたのに」と、やる気がダウンした経験は誰しもあります。でもそのように考えるのは「言い訳」です。私は気がとても早い人間で、やらなければならないことが頭に浮かぶと「即行動」に移してきました。その結果よかったこともよくなかったことも多々ありました。即行動でよかったことのほうが多い気がしますが、いま思えば「あの時に少し待っていれば」ということも少なからずあったのも事実です。人からも「やることが早すぎる、いさぎよすぎる」とよく言われ、失敗したこともあります。でも総合的には「やってよかった」が8割、やらなかったほうがよかったのは2割の比率でした。「思い立ったが吉日」という諺のとおり、始めることに「年齢は関係ない」と考えて実行していけば、いつでもWID「ワクワク・イキイキ・ドキドキ」の生活を送ることができ、若々しい日常生活になるでしょう。

9 先人の言葉に学ぶ

「あなたが、他の人に求める変化を自分で行いなさい」
（マハトマ・ガンジー）

「Impossible（不可能）なことなど何もない、この言葉自体がそう言っている、I'm possible（私にはできる）と」
（オードリー・ヘップバーン）

「馬で行くことも、車で行くことも、二人で行くことも、三人で行くこともできる。だが、最後の一歩は自分一人で歩かなければならない」
（ゲーテ）

これらの先人の言葉はとても含蓄のある言葉で、いろいろなことを考えさせてくれます。やはり、自分とじっくり向き合って「他人依存から自主的な行動」「今の生活や自分を変えていく」努力が大事です。「自分を変えるのは自分しかいない」と思って自己変革に努力していきたいものです。そうすれば昨日までの自分とは別人のような行動・習慣が身につき運命も変えることができるでしょう。既述のとおりの「change は chance」につながることを信じて！

10 人は他人に与えることによって「豊かになる」

マズローの欲求の六段階説で一緒に考えてきたとおり、人間の究極的な欲求は「人や社会への貢献」です。あのマイクロソフト社を創業した大富豪のビル・ゲイツ氏も発展途上

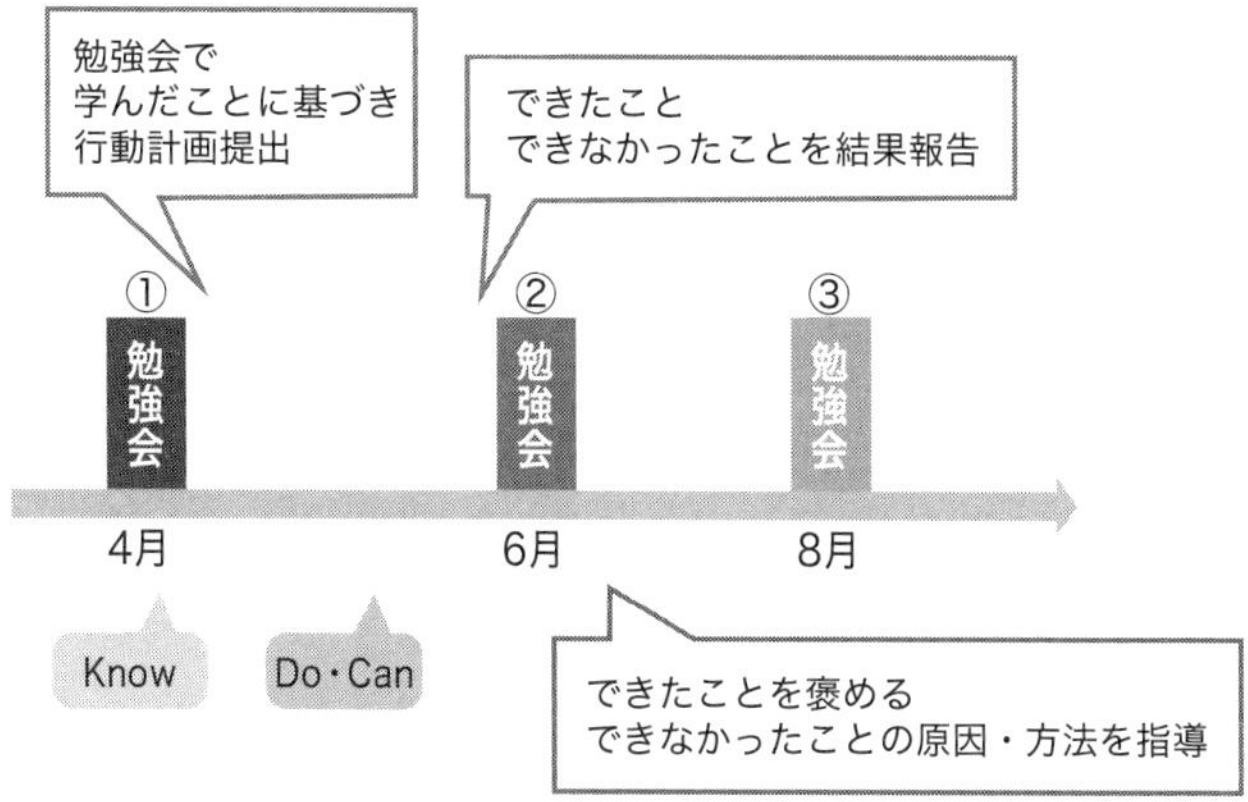

国の医療に莫大な金額を寄付して社会貢献活動をされています。お金持ちでない人でも「誰かの役に立ちたい」という願望はあります。「利他の精神」はホスピタリティと同様に見返りを求めない「人を利する」行為です。「人は他人に与えることによって豊かになる（By giving we become richer）」（チリの女性作家：イサベル・アジェンデ）の言葉のとおり、人の役に立つ行為は「自分の心の豊かさ」を充足させてくれるものです。「人に温かく・親切に・丁寧に接する」ことから始めていけば、きっと豊かな毎日を過ごすことができると信じ、「ホス活貯金」を高めていきたいものです。それには先ず「考え方の変革」が前提条件であるとご理解いただければ幸いです。

11 「Know ⇒ Do ⇒ Can」法による 新・人財教育方法

「学んだ」ことをすぐに「行動」に移して「でき

る」ようになれる人は多くはいません。でも、「学ぶ目的はできるようになる」ためで、「学んだ」ことをどうしたらできるのかを常に考え、「できる」までに進化させていく必要があります。「Ｋｎｏｗ⇩Ｄｏ⇩Ｃａｎ」法による新・人財教育方法によって、やがて8割近くの受講生が「できる」ようになります。教育によって〝意識を変え↓行動を変え↓業績を変える〟ことが大事です。「少額の予算で最大の効果」を上げるには「新しい教育プログラム」（1～2カ月に1回）で、「いきいき職場づくり」を目指し、意識変革を図っていくことをお勧めします。そうしたら職場（会社）の運命が変わるでしょう！

あとがき

皆さん、「光」をじっくり考えたことはありますか？「観光」という字も、「ご来光」も同様に、「光」がつき、前者は「国の光を観る」（易経）↓「ある場所の素晴らしい景色や文化・建物などを観て楽しむ」ことで、後者は「荘厳な日の出の景観をうやまう」↓「ご来光を拝んで願いごとをする」という意味です。全ての動植物は「光」がなければ生きていけない、「光」のない世界は「暗黒の世界」です。気分が落ち込んだ時も同様で「光＝夢」を見いだそうとすれば気分も上向きます。この本では「光＝楽しむ光（夢）」と考え、「楽しみを創り出していく力（創楽力）」があればどんな困難・壁に遭遇しても「人生は開ける！」と思って書いたのも目的の一つでした。実は私の「正光」（英語ではRight Lightで発音が難しい）という名前も「光」がついて、「正しい光に向かって、またそれを人に与えて生きて欲しい」という親の願いがあったかもしれません（実際は心もとない限りですが）。「好感力や創楽力」の磨き方等をはじめ、「イキイキ楽しく働き・学ぶ」方法、良好な「人間関係」づくり等、いろいろ書いてきましたが、ご理解いただけましたでしょうか。世界は現在、米国の「自国ファースト」、英国の「EU離脱」等、「ナショナリズム＝保守主義・自国主義」の嵐が吹き荒れて、残念ながら「グローバリズム＝世界主義」が後退している状況にあります。過去の世界大戦から抜け出し「グローバリズム」にやっと向かってきたのに、時代が逆行している感は免れません。国と国の外交にも「ホスピタリティ」が生かせれば「相互理解・発展」につながると、トルコ・キューバの事例も原稿を用意しましたが紙面の関係で割愛になってしまいました。職場においても「自己中心的な考え」や「人への気づかい」ができない人が多ければ「楽しい職場」とは言えません。学校も同様で、いじめは「思いやり・心づかい」があればなくなるはずです。また、「サービス業」は「ホスピタリティ業」に進化すればリピーターが増加し業績が向上するということも記しました。東京五輪に向け「日本のおもてなし」を世界にアピールできるチャンスです。全ての人の願いである「楽しく働き・学び」「良好な人間関係をつくる」ことは「ホスピタリティの行動・活用」で可能になる！　とご理解いただき、今後の日常生活に活かしていって欲しいと願っています。「なせば成る、なさねば成らぬ何事も、成らぬは人のなさぬなりけり」（上杉鷹山）という言葉を子供のころ親から教えてもらい、私はそれを座右の銘として生きてきました。私は自分の人生の終わりに、亡くなった両親に対して「与えてくださった才能はもうひとかけらも残っておりません、すべて使い切りました！　私を生んでくれてありがとうございました！」と言って、この世を去っていきたいと思っています。最後になり恐縮ですが、ホスピタリティ業界で働く多くの皆さん（CA・ホテリエ等）に取材させていただいたにもかかわらず紙面の都合で記載できなかったことを心よりお詫びいたします。また、この本の出版に当たり幻冬舎ルネッサンス新社の金宮勇夫さん、下平駿也さんに大変お世話になり感謝申しあげます。

ホス活マネジメント研究所

代表　河野正光

〈著者紹介〉

河野　正光（こうの　まさみつ）

【経 歴】

千葉県出身、長生高校・明治大学政経学部卒業後国土計画（現：西武ホールディングス・プリンスホテル）入社。セールス・観光営業・人事・ホテル新設プロジェクト等担当。

（株）プリンスホテル取締役営業部長・海外部長、西武シンガポール（全海外ホテル統括）代表取締役、取締役支配人（高輪・新高輪プリンスホテル）・業務監査室長、宿泊・セールス・ブライダル部門の全社責任者等を歴任。主に人財育成・法人セールス・営業企画等に従事。

＊プリンスホテル退任後

2006年宮城大学・大学院非常勤講師、玉川大学・大学院非常勤講師を経て、2010-2017年度・帝京大学教授。2016-2017年度・明治大学国際日本学部非常勤講師。数多くの企業・団体等に講演・教育・企画提案を実施。

【講演・教育・研究内容】

1.おもてなし活用経営＝ホスピタリティ・マネジメント方法
2.「おもてなし」を活かした魅力的な店舗・会社づくりと運営方法
3.ホスピタリティ（おもてなし）を日常生活に活かす方法
4.ホスピタリティ（おもてなし）を活かした「地方創生」対策
5.リゾート地・観光地の集客・稼ぐための「魅力的な陸・海・空戦略」づくり
6.クルーズ船客の「消費額アップ」、MICEの「同伴者プログラム・アフターコンベンション」対策
7.日本の観光に関する「インバウンド側視点と受け入れ側視点」のミスマッチ対策
8.リスク軽減のための「リゾート地・観光地」のリスクマネジメント対策
9.「Know ⇒ Do ⇒ Can 法」による新人財育成方法
10.働く人の「働く目的」についての意識改革と業績向上対策

【大学での研究・担当科目】

「管理接客論」「宿泊産業経営論」「リゾート開発・運営論」「ライフデザイン」
「基礎演習」「演習」「ホスピタリティ・マネジメント論」「時事問題」
「世界情勢論・欧州」「国際交流論」「ホスピタリティ・サービス論」
「ホテルマネジメント論」「リゾートマネジメント論」「産業実務演習論」
「リスクマネジメント」　他

【公的委員】

奈良県「天理市・芸術家村宿泊施設事業者選定」有識者委員会委員（'18/11 ～ '19/3）
奈良県「奈良市周辺地区宿泊施設事業者選定」有識者委員会委員（'16/11 ～ '17/3）
国土交通省「海の中道海浜公園研修宿泊施設等管理運営事業」有識者委員会委員（'16/4 ～ '18/3）
東京都「多摩地域ユース・プラザ運営等事業」審査委員会委員（'14/4 ～ '15/3）
東京都大田区「大田区立伊豆高原学園改築・運営事業」審査委員会委員（'11/6 ～ '12/5）

JASRAC 出 1906259-902

ホス活《かつ》のススメ

2019年7月7日　第1刷発行
2019年10月4日　第2刷発行

著　者　河野正光
発行人　久保田貴幸

発行元　株式会社 幻冬舎メディアコンサルティング
〒151-0051　東京都渋谷区千駄ヶ谷4-9-7
電話　03-5411-6440（編集）

発売元　株式会社 幻冬舎
〒151-0051　東京都渋谷区千駄ヶ谷4-9-7
電話　03-5411-6222（営業）

印刷・製本　シナジーコミュニケーションズ株式会社
装　丁　黒瀬章夫

検印廃止

Printed in Japan
ISBN 978-4-344-92312-6 C0095
幻冬舎メディアコンサルティングHP
http://www.gentosha-mc.com/